DEPOIS DE UM ACIDENTE DE TRÂNSITO:

O que você precisa saber

Abraham Ovadia, Esq.

Advogado

ISBN: 979-8-218-13807-3

Índice

DEDICATÓRIA

Quero agradecer à minha família e amigos por toda a ajuda. Ser um advogado envolve muitas horas de trabalho e estresse. Eles me deram força, me mantiveram com os pés no chão e me ajudaram a crescer como pessoa.

Mãe e Anthony: vocês sempre me incentivaram a lutar, defender o que é certo e nunca esquecer de onde viemos.

Minha esposa e filhos: vocês me fazem perceber que a vida não é só trabalho. Sou viciado em trabalhar, mas as poucas horas que passo com vocês todos os dias me trazem paz.

Sergio: quando eu comecei a trabalhar no apartamento da minha mãe há sete anos atrás, você foi o meu primeiro funcionário. Você trabalhava tanto quanto eu (às vezes mais!) para ajudar nossos clientes a receber o valor máximo de indenização.

Alvaro, Chris e David: vocês são os pilares do meu sucesso. Se não fosse por vocês, talvez eu ainda estaria trabalhando no apartamento da minha mãe ou naquele escritório apertado na 2ª Avenida. Ter vocês na minha equipe é uma honra e um privilégio.

DESENCARGO DE RESPONSABILIDADE

Este livro contém dicas e sugestões gerais e não constitui aconselhamento legal. O seu caso de acidente é único e você deve conversar com um advogado especificamente sobre a sua situação.

Sinta-se à vontade para entrar em contato com a minha equipe se tiver alguma dúvida, ou se precisar contratar um advogado de acidentes e lesões corporais. Se você já possui um advogado e tem dúvidas, entre em contato com ele.

PREFÁCIO

POR DANIELA BARROS

Este livro foi escrito para ajudar e ensinar as pessoas que se feriram em um acidente de carro e não têm a menor ideia de como proceder. Se você nunca se envolveu em um acidente, ainda mais nos Estados Unidos, talvez não saiba sobre o funcionamento do processo. Pode ser que você tenha visto algum outdoor, comercial na TV e no rádio, ou até teve recomendações de amigos; mas cada uma dessas fontes diz alguma coisa diferente, ou dá alguma opinião sobre o que é o melhor a ser feito após um acidente. Espero que este livro possa esclarecer as suas dúvidas.

No estado da Flórida, existem leis que protegem pessoas envolvidas em um acidente, independentemente do status imigratório. Muitas das vezes, quando chegamos em um país novo, não somente o idioma é diferente, mas também as leis. Assim como você, eu também sou imigrante, o inglês não é a minha primeira língua, e já me senti discriminada por não saber o idioma e os meus direitos aqui. Esperamos que este livro te ajude com as suas possíveis dúvidas. E, não se esqueça, é muito importante ter o acompanhamento de um advogado no seu processo, para que você tenha a assistência necessária, e o melhor, receba uma indenização bem mais alta pelo seu acidente.

Escrevemos este livro de maneira simples intencionalmente, para que seja fácil de ler e entender. Você não verá termos jurídicos ou palavras difíceis aqui. Abraham é um advogado que gosta de escrever e falar de maneira simples, sem besteiras - mesmo no tribunal - para que todos possam entender. Além disso, a nossa meta é fazer com que você, nosso cliente, possa aprender de forma clara e direta.

CAPÍTULO 1:

DEZ ERROS APÓS UM ACIDENTE DE CARRO

ERRO NÚMERO UM: NÃO PREENCHER UM BOLETIM DE OCORRÊNCIA (POLICE REPORT)

É **sempre** muito importante preencher um boletim de ocorrência após um acidente. Esse é o documento principal e o primeiro a ser pedido pelas seguradoras para que eles possam analisar quem é o culpado pelo acidente.

Em inglês, o boletim de ocorrência é chamado de **police report** e geralmente inclui:

- os nomes de todos os envolvidos no acidente;
- as informações da seguradora dos veículos;
- nomes e informações de contato de testemunhas do acidente, se houver;
- um diagrama da cena do acidente, com o(s) carro(s) envolvido(s) e ruas;
- uma explicação detalhada do acidente;
- e os nomes das pessoas que receberam uma multa de trânsito.

Na Flórida, se o seu nome não constar no boletim de ocorrência (police report), fica presumido que você não estava envolvido no acidente de trânsito. Certifique-se de que seu nome e informações sejam incluídos no boletim de ocorrência.

<u>Não seja como o Thomás - Sempre registre um boletim de ocorrência</u>

Representei um cliente chamado Thomás que sofreu um acidente de carro. Ele me disse que quem causou o acidente foi uma pessoa chamada Samuel e que o Samuel concordou em pagar pelo conserto do carro do Thomás. O conserto seria menos que $500 e o Thomás não quis esperar 10 minutos para a chegada da polícia. Então, ele pegou as informações de contato do Samuel e foi para casa. Thomás, então, tentou ligar para o Samuel várias vezes para pagar pelo conserto do carro, mas Samuel nunca atendeu à nenhuma ligação. O problema que Thomás não sabia é que o Samuel chamou a polícia logo depois que o Thomás saiu do local do acidente. O Samuel registrou um boletim de ocorrência, disse à polícia que Thomás causou o acidente e a polícia colocou essas informações no boletim de ocorrência, já que Thomás não estava lá. Portanto, Thomás não conseguiu convencer as seguradoras de que foi enganado por Samuel. Ele não tinha como provar que Samuel estava mentindo, e teve que pagar o conserto do carro com o seu próprio dinheiro. E, para piorar, o seguro do Thomás que teve que pagar o conserto do carro do Samuel. Por isso, é muito importante sempre registrar um boletim de ocorrência imediamente após um acidente.

Não seja como o Rafael - Verifique se o seu nome está no boletim de ocorrência

Representei o Rafael, que era passageiro de um carro que foi batido por trás. O nome do Rafael não estava no boletim de ocorrência. Por ser passageiro, Rafael disse que o policial não o abordou e nem pegou suas informações. Rafael achou que, por não ser o motorista, não precisava falar com o policial. Quando Rafael entrou em contato com o seguro, o caso dele foi visto com muita desconfiança – a seguradora achou que ele estava mentindo, já que o nome do Rafael não constava no boletim de ocorrência.

Quando comecei a trabalhar no caso do Rafael, para provar que o que ele estava falando era verdade, consegui obter declarações por escrito de ambos os motoristas envolvidos, confirmando que o Rafael estava no veículo no momento do acidente; mas isso atrasou o processo e exigiu muito trabalho extra.

ERRO NÚMERO DOIS: NÃO IR À UMA CONSULTA MÉDICA IMEDIATAMENTE APÓS O ACIDENTE

Depois de um acidente de trânsito, é a sua responsabilidade provar que você foi ferido no acidente. Muitos dos meus clientes ficam feridos após um acidente de carro, mas estão tão ocupados consertando o carro e pagando contas que não têm tempo de ir à uma consulta médica. Consultar com um médico imediatamente ajudará a mostrar à companhia de seguros que você sofreu ferimentos no acidente, e conseguiremos provar isso com os diagnósticos e registros médicos que você receberá na(s) sua(s) consulta(s).

Se você se machucar durante um acidente, mas não consultar com um médico por seis semanas, a seguradora possivelmente considerará sua reivindicação falsa. As companhias de seguro não se importam se você trabalha em dois empregos ou está passando por uma fase difícil em sua vida. Eles geralmente avaliam os seus ferimentos de uma maneira que te desfavoreça, para que assim, possam oferecer menos dinheiro pelas suas lesões.

Se você demorar muito para consultar com um médico, a companhia de seguros pode reivindicar que:

(1) Você não se machucou no acidente ou (2) Você se machucou de outra forma e está fingindo que as suas lesões foram causadas pelo acidente.

Após um acidente, se você não tiver nenhuma parte do corpo sangrando, não bateu a cabeça em nada ou não sente que vai morrer, é recomendado que você vá à uma clínica de atendimento de urgência ou ao consultório de um quiroprata, ao invés de ir à um hospital. A consulta de uma clínica de atendimento de urgência ou de um quiroprata geralmente não ultrapassa US$ 300, mas uma visita ao hospital pode ficar de US$ 5.000 a US$ 25.000. Por isso, é mais viável ir à uma clínica de emergência ou quiroprata primeiro. Eles irão avaliar suas lesões e te informarão se você deve ir ao hospital ou não.

Aviso importante: Na Flórida, para ter acesso a $ 10.000 em benefícios, você precisa receber alguma forma de assistência médica (com um médico, quiroprata, ou dentista, em algum hospital ou clínica) dentro de 14 dias. Se fizer isso dentro do prazo, você conseguirá utilizar uma parte do seu seguro, que todos na Flórida tem, chamado de PIP.

Não seja como Claudio – Termine o seu tratamento médico

Eu representei o Claudio. Ele sofreu um acidente de carro e foi para um hospital imediatamente depois, onde se queixou de dores no pescoço e na região lombar. O médico do hospital receitou alguns relaxantes musculares e recomendou que ele fizesse acompanhamento com um ortopedista. Claudio saiu do hospital, continuou tomando os relaxantes musculares, como estava na receita, mas não consultou com nenhum ortopedista porque não sabia qual era o plano de saúde dele. Ele ligou para o meu escritório depois de ver uma propaganda minha e disse que sentia muitas dores por causa do acidente, mas não sabia a que médico ir. O ajudei a encontrar um médico que aceitava seu seguro, mas já tinham se passado dois meses entre o acidente e a consulta do Claudio com esse médico. Quando chegou a hora do seguro fazer uma oferta para resolver o caso do Claudio, eles levaram em consideração o intervalo de dois meses no tratamento. Por isso, sempre recomendamos aos nossos clientes: não dê intervalos entre as consultas. Termine o seu tratamento médico por completo.

ERRO NÚMERO TRÊS: NÃO COMUNICAR COM O MÉDICO ONDE VOCÊ SENTE DOR

Ir ao médico logo após o acidente não é suficiente. Não dar intervalos entre as consultas e fazer o tratamento completo não é suficiente. Você precisa informar ao médico todas as áreas que foram feridas no acidente de carro. Certifique-se de que ele realmente anote e esteje ciente de todas as áreas que você sente dor.

Se depois da consulta você começar a sentir dor em novas áreas que não estavam doendo antes, informe ao seu médico na próxima vez que o ver. Isso pode se tornar importante no futuro.

<u>Não seja como Elisa - Diga ao seu médico onde você sente dor</u>

Representei a Elisa em seu caso de acidente de carro. Ela foi à um quiroprata no mesmo dia do acidente, e durante a consulta disse que o seu pescoço e costas pareciam estar pegando fogo. Na verdade, Elisa também estava com dor no joelho direito, mas não mencionou isso durante a consulta porque estava muito preocupada com a dor no pescoço e nas costas. Quando Elisa preencheu a documentação inicial no meu escritório, ela afirmou que seu pescoço, costas e joelho direito estavam doendo – e colocou isso no papel do nosso escritório. Após oito semanas, o pescoço e a dor nas costas da Elisa diminuíram significativamente com o tratamento, e ela começou a sentir muito mais a dor no joelho direito. Então, finalmente, ela contou ao quiroprata sobre sua dor no joelho e ele, só então, documentou a dor em seus registros médicos. Seis meses após o acidente de carro, Elisa fez uma cirurgia no joelho porque a dor começou a ficar muito mais forte. Meu escritório enviou uma carta de demanda à seguradora responsável, pedindo-lhes que pagassem todas as contas médicas de Elisa, incluindo a cirurgia. A seguradora discutiu conosco e não queriam cobrir a cirurgia do joelho porque Elisa não tinha nenhum registro médico que provasse a sua dor no joelho até oito semanas após o acidente. A seguradora achou que Lisa tinha machucado o joelho por outro motivo, e não por causa do acidente. Acabamos conseguindo com que o seguro pagasse pela cirurgia no joelho da Elisa – Tivemos que juntar todos os registros médicos de Elisa nos cinco anos anteriores ao acidente de carro, o que conseguiu provar que ela nunca teve nenhum problema no joelho.

Porém, isso fez com o que processo de Elisa demorasse mais que o esperado.

ERRO NÚMERO QUATRO: MENOSPREZAR OU SUBESTIMAR O NÍVEL DE DOR QUE VOCÊ SENTE

Após um após um acidente de carro, o seu médico é provavelmente a pessoa mais importante envolvida no seu caso, além do advogado. Você precisa informar ao seu médico quais áreas do seu corpo estão doendo e qual é o nível de dor que você sente nessas áreas. Por exemplo, de 0 a 10, sendo 10 o pior nível de dor, se o seu pescoço dói em um nível 5, você precisa informar o seu médico. Alguns clientes têm medo de dizer ao médico que, de 0 a 10, sentem 10 de dor. Isso acontece porque eles ficam preocupados que o médico recomende uma injeção ou uma cirurgia. Ou também tem os clientes mais "durões", que muitas vezes minimizam suas lesões porque não querem parecer fracos. Alguns outros clientes têm uma tolerância alta à dor. As companhias de seguros sempre examinam seus registros médicos ao avaliar o seu caso. Se você tiver 10 de dor (ou seja, dor extrema), mas disser ao seu médico que tem 2 de dor (dor mínima), a seguradora irá assumir que você não se machucou. Os registros médicos são a "prova" dos seus ferimentos. É sempre recomendado que você conte ao seu médico a verdade sobre a dor que está sentindo, pois as seguradoras baseiam as ofertas de indenização de acordo com o que você está dizendo ao seu médico.

Não seja como Bonnie - Seja honesto sobre o seu nível de dor

Representei a Bonnie depois que ela sofreu um acidente de carro. Bonnie estava de bicicleta e foi atropelada por um caminhão utilitário. Quando Bonnie nos encontrou para assinar o contrato, percebi que ela estava mais preocupada com as contas médicas do que com a dor. Duas semanas após o acidente, ela disse ao médico que sentia zero de dor. Depois de uma conversa com a Bonnie, ela me contou que estava preocupada com o valor das contas médicas e, por isso, decidiu contar ao médico que não sentia dor (Assim, o médico a liberaria e diria para ela parar de fazer o tratamento). Por causa disso, todos os registros médicos de Bonnie afirmavam que ela não se feriu no acidente. Isso acabou levando a seguradora a pagar um valor menor de indenização.

Não seja como Jean - Não tente burlar o sistema

Jean foi um cliente que ligava para o meu escritório semanalmente para reclamar que ele não conseguia sair da cama de tanta dor. Quando solicitei os registros médicos de Jean, fiquei surpreso ao descobrir que ele disse ao médico que sentia apenas 3 de dor (uma dor mínima). Ele foi ao médico três vezes por semana durante quatro meses e a cada consulta dizia que o seu nível de dor era 3. Em algumas consultas, Jean até disse que não tinha dor nenhuma! Ele fez algumas ressonâncias magnéticas, que mostraram várias hérnias de disco. Jean não tomou nenhuma injeção, nem fez cirurgia. A seguradora fez uma oferta de alguns milhares de dólares com base no baixo nível de dor que o Jean relatou ao médico. Com isso, pode-se afirmar que ele estava mentindo ou para mim ou para o médico sobre a sua dor. De qualquer forma, a seguradora tinha registros de 48 consultas médicas, nos quais ele disse que não sentia muita dor, portanto eles fizeram uma oferta de pagamento de indenização com base nessas informações.

ERRO NÚMERO CINCO: NÃO FAZER TRATAMENTO FREQUENTE COM O MÉDICO

Se você não for ao médico frequentemente após um acidente de carro, a seguradora irá assumir que você não se machucou. Os seus registros médicos são a sua "prova" de que você está ferido. Quanto menos tratamento e consultas você tiver, menos provas você terá. Se você está realmente sentindo dor após um acidente, por que não faria o tratamento regularmente? Se você sentir que não consegue sair da cama, avise o seu médico. Esses são os dias em que é bom que o médico documente o seu nível de dor. Se você for à uma consulta apenas nos dias "bons", suas anotações médicas mostrarão que você se sente "bem".

Não seja como a Paula - Se você sente dor, procure fazer o tratamento

Eu tive dois casos de acidente de carro no mesmo dia - Tina e Paula. Tina sofreu um acidente de carro com $ 900 em danos materiais. E a Paula sofreu um acidente de carro com $ 12.000 em danos materiais. De início, pensei que Paula teria um caso "melhor" com base nos danos materiais. A seguradora provavelmente pagaria mais à ela de indenização. Porém, Tina se organizou, encontrou tempo para ir ao médico três vezes por semana, fez ressonâncias magnéticas das áreas feridas e recebeu algumas injeções de esteróides no pescoço e na região lombar, conforme recomendado pelo médico. Por outro lado, Paula também sentiu muitas dores após o acidente de carro, mas não foi ao médico regularmente, nem fez as ressonâncias magnéticas recomendadas pelo médico. O caso de Tina acabou custando muito mais dinheiro do que o caso de Paula porque Tina seguiu as ordens do médico e fez o tratamento frequentemente. Tina também sentiu menos dor durante o processo porque as injeções de esteroides funcionaram. Paula encerrou o seu caso com um valor de indenização menor e ainda teve que conviver com a dor durante o processo. Para Tina, ela ganhou de todos os lados – sentiu menos dor e ganhou mais dinheiro. Para Paula, infelizmente, foi mais dor e menos dinheiro.

ERRO NÚMERO SEIS: NÃO FAZER O QUE O MÉDICO PEDE

A ressonância magnética é o principal exame que usamos para provar que você se feriu após um acidente de trânsito. Se você não fizer uma ressonância magnética após um acidente, não será fácil provar que você realmente se machucou, e nenhuma seguradora levará o seu caso a sério. As ressonâncias magnéticas, também chamadas de MRI aqui nos Estados Unidos, são literalmente uma imagem do que está te causando dor. Para realizar o exame, basta deitar-se na máquina de ressonância. Elas não tem radiação, como dizem, e se você for claustrofóbico, existem máquinas "abertas" que também produzem imagens de qualidade e não irão te causar incômodo.

Se o seu médico te recomendar uma ressonância magnética e você não fizer, a seguradora irá assumir que você não está realmente ferido. Se o médico te recomendar alguma injeção ou cirurgia, você deve considerar os prós/contras com ele e até mesmo procurar uma segunda opinião se não tiver certeza. Você também pode consultar o seu advogado sempre que possível para discutir como isso pode afetar o seu caso.

As seguradoras analisam os acidentes de carro da seguinte maneira: se você realmente sentir dor após um acidente, receberá uma injeção ou cirurgia. Muitas pessoas tratam com um quiroprata, mesmo que não sintam dor. Mas apenas pessoas que estão realmente sentindo dor receberiam uma injeção ou fariam cirurgia. As seguradoras sempre tentam separar os "impostores", que têm pouca ou nenhuma dor, das pessoas que foram realmente afetadas e estão sentindo dor após um acidente de carro.

Se você tiver que receber injeções ou fazer alguma cirurgia enquanto o seu caso de acidente de carro estiver pendente, a seguradora é obrigada, por lei, a pagar por essas despesas, e também pelas suas dores relacionadas a esses procedimentos. Sempre digo aos meus clientes: esse é o momento do seguro pagar pelos seus procedimentos médicos. Se eles não fizerem uma cirurgia agora, e preferirem deixar para depois, for exemplo, eles terão que pagar essas despesas do próprio bolso quando decidirem operar. Depois que o caso for resolvido, ele não poderá ser reaberto.

Não seja como Joana – Escute os seus médicos

Representei a Joana em seu acidente de carro. Ela foi ao quiroprata e fez uma ressonância magnética, que indicou que ela tinha quatro hérnias de disco no pescoço. Ela reclamou de muita dor, mas se recusou a fazer a cirurgia. Seu médico era um dos melhores cirurgiões do sul da Flórida, mas ela ficou com medo de operar. Ela me disse para finalizar o caso dela logo, já que não iria fazer nenhuma cirurgia, e nem tomar nenhuma injeção. Preparei todos os seus registros médicos e enviei uma carta de demanda à seguradora. Recebemos uma oferta da compania de seguros de $ 10.000 para encerrarmos o caso dela. No fim das contas, Joana acabou fazendo a cirurgia, e por causa disso, a seguradora teve que pagar pela operação. O seguro, então, fez um cheque para ela de $ 100.000. Ela se sentiu muito melhor após realizar a operação e ainda saiu com dinheiro no bolso para compensar a cirurgia.

ERRO NÚMERO SETE: ACHAR QUE AS PESSOAS DA SEGURADORA SÃO SEUS AMIGOS

Os agentes da sua seguradora não são seus amigos. Eles não se importam em saber como você está. Eles só são legais com você para que você pense que não é necessário contratar um advogado. Isso acontece, porque se você achar que as pessoas da seguradora são "legais", é mais provável que você aceite um valor menor de acordo. Às vezes, as seguradoras oferecem dinheiro imediatamente, logo após o seu acidente, e tentam fazer com que você assine a papelada do acordo antes de contratar um advogado. Não aceite. Consulte um advogado primeiro. A consulta com advogados de acidentes geralmente são gratuitas.

As seguradoras são uma empresa e querem obter lucro para seus acionistas/investidores. Eles não são uma organização sem fins lucrativos ou uma instituição de caridade. Eles não vão distribuir sacolas de dinheiro para pessoas feridas após um acidente de carro. As seguradoras não lucram te ajudando. Eles lucram fazendo os clientes pagarem o seguro, e eles pagando o mínimo possível em caso de algum acidente.

Dê uma olhada no final do livro, onde mostramos as ofertas de liquidicação inicial e montantes finais. Você vai ver o quanto as seguradoras negociam com os advogados. Se eles são assim com advogados, imagina o quanto tentariam manipular os não-advogados?

<u>Não seja como Alex e Pedro – Consulte um advogado antes de aceitar qualquer dinheiro</u>

Acabei de representar duas pessoas - Alex e Pedro - que sofreram um acidente de carro juntos. A seguradora ofereceu à eles cerca de $ 500 (para cada) para cobrir os dias de trabalho perdidos e contas médicas. Eles sacaram os cheques no mesmo dia, mas nunca assinaram nada com a seguradora. Eles me disseram que, inicialmente, pensaram que estavam ganhando dinheiro de graça, então estava bom. Mas logo perceberam que eles tinham ferimentos graves, e $ 500 não seria suficiente. Eles me procuraram e eu acabei de encerrar o caso deles por $ 100.000 cada. Lembre-se, as pessoas da seguradora não são seus amigos. O seguro quase economizou $ 95.500 (por caso) ao enganar Alex e Pedro. Imagina quantas pessoas aceitam os $ 500, assinam o acordo e depois tem que viver com dor (por não terem condições de fazer tratamento) e ainda sem dinheiro!

Não seja como José – Consulte um advogado antes de aceitar qualquer dinheiro

Eu representei um homem de 90 anos chamado José na costa oeste da Flórida. Ele sofreu um acidente de carro grave e teve que tomar muitos remédios prescritos para dor. Três dias depois do acidente, uma pessoa da seguradora apareceu em sua casa e o convenceu a assinar os papéis e encerrar o caso por US$ 1.000. Pouco depois disso, José teve que fazer uma cirurgia no pescoço. Consegui cancelar o acordo que ele tinha feito com a seguradora porque José tinha 90 anos e estava fortemente medicado quando assinou a os papéis, mas tudo isso atrasou o processo em dois anos e exigiu muito trabalho extra.

ERRO NÚMERO OITO: CONVERSAR COM O SEU SEGURO SEM TER UM ADVOGADO PRESENTE

A principal razão pela qual os agentes de seguro te ligam é para que eles possam coletar informações antes de você contratar um advogado. O agente da seguradora que está ligando para você trabalha para a companhia de seguros, não para você. Eles vão tentar pegar o máximo de informações possíveis e usá-las contra você na hora de pagar pelo seu acidente. Eles não são pessoas ruins, mas tem como trabalho garantir que o empregador deles, que é a companhia de seguro, economize dinheiro.

Se você receber uma ligação de uma companhia de seguros após um acidente, o recomendado é dizer a eles que (1) você contratou um advogado, e eles podem falar diretamente com o seu advogado, ou (2) você ligará de volta quando tiver tempo. A última coisa que você vai querer fazer é dizer algo (ou esquecer de dizer algo) que possa prejudicar sua chance de ser compensado de forma justa por seus ferimentos. Se o acidente de carro claramente não for sua culpa (por exemplo, se você estava parado no sinal vermelho e alguém bateu na traseira do seu carro), geralmente não é tão difícil resolver o seu caso por conta própria. No entanto, é preferível que você não discuta sobre os seus ferimentos no telefone sem o seu advogado. A maioria dos advogados de acidentes nos Estados Unidos trabalha da mesma maneira: se não ganham o seu caso, você não tem que pagar nenhuma taxa.

Eu recomendo que você ligue para um advogado enquanto ainda estiver no local do acidente. Às vezes, os advogados podem enviar alguém para tirar fotos e anotar depoimentos de testemunhas no local do acidente.

<u>Não seja como Sergio – Contrate um advogado antes de falar com a seguradora</u> Representei o Sergio, que disse ao corretor de seguros por telefone que "ele estava bem" e "não sentia nenhuma dor" cerca de três dias depois de sofrer o acidente. Esta ligação foi gravada pelo corretor de seguros, com a permissão de Sergio, antes de eu ser contratado. Sergio acabou sentindo muita dor duas semanas após o acidente e precisou fazer uma cirurgia na região lombar. Ele também fez uma ressonância magnética, que mostrou que Sergio tinha várias hérnias de disco nas costas. Não tenho dúvidas de que Sergio se machucou no

acidente, ainda mais após analisar os documentos médicos, que indicaram várias complicações. Mas porque Sergio disse ao agente de seguro que "ele não sentiu nenhuma dor", isso afetou o valor de seu caso. Todo mundo sabe que pode levar alguns dias ou semanas para desenvolver alguma dor após um acidente, mas Sergio não quis abrir um processo contra a seguradora. Acabamos fazendo um acordo relativamente bom com a seguradora, mas teria sido melhor se ele não tivesse falado com o agente de seguros antes de contratar um advogado.

Não seja como Sara – Não fique de mau humor

Representei a Sara depois que ela se envolveu em um acidente de carro. Ela tinha um temperamento bem complicado. Sara gritou com o policial que fez o boletim de ocorrência, e com o agente de seguros também. Sara gritou até comigo. Mas quando ela finalmente se acalmou, consegui entender como o acidente aconteceu. Se a Sara tivesse me ligado do local do acidente, eu poderia ter contado ao policial o que realmente aconteceu. Se ela não tivesse brigado com todo mundo antes de me contratar, eu teria conseguido passar as informações corretas para o agente de seguros, antes que todos a culpassem pelo acidente. Acabei entrando com um processo em nome da Sara porque acredito no lado dela da história e também sei que a seguradora não quis fazer uma oferta justamente por causa de seu comportamento.

ERRO NÚMERO NOVE: DEMORAR MUITO PARA ENTRAR EM CONTATO COM UM ADVOGADO

Contratar um advogado logo no início é muito importante. A maioria das pessoas contrata um advogado poucos dias após o acidente. É ele que vai lidar com muitas dores de cabeça para você. O advogado também cuidará de você e garantirá que você esteja recebendo o tratamento médico correto. Alguns médicos têm a reputação de dizer que todos os pacientes precisam de cirurgia. Alguns cirurgiões são ótimos no consultório, mas não são bons na sala de cirurgia. Outros são conhecidos por beber a noite toda e depois fazer a cirurgia na manhã seguinte. Eu mantenho os meus clientes longe desses cirurgiões. As pessoas que contratam um advogado poucos dias após um acidente, ou até no mesmo dia, têm uma experiência bem melhor em todas as áreas. Ponto.

<u>Não seja como Pâmela – Contrate um advogado imediatamente após um acidente</u>

Representei a Pâmela que se envolveu em uma colisão frontal a 40 mph. Havia duas outras pessoas no carro com ela. As outras duas pessoas contrataram advogados imediatamente e cada uma recebeu $ 50.000 dentro de seis meses após o acidente. Por outro lado, Pamela não quis contratar um advogado inicialmente. Ela só queria "se sentir melhor" e nem percebeu que as outras pessoas do carro contrataram advogados. Pâmela tinha $ 50.000 de cobertura PIP No-Fault do seu seguro de carro em Nova York. Ela pensou que poderia continuar usando essa cobertura de seguro para pagar as contas médicas. Pâmela fez o tratamento com um médico que não sabia como documentar adequadamente seus ferimentos. Na verdade, aquele médico entrou para a história por fazer os piores registros médicos que eu já vi! Eventualmente, a seguradora da Pâmela cortou seus benefícios PIP No-Fault e parou de pagar suas contas médicas. Sem poder consultar um médico com seu seguro PIP No-Fault, ela ficou furiosa e me contratou três anos após seu acidente de carro. Peguei todos os registros médicos da Pâmela, enviei uma carta para a companhia de seguros e eles ofereceram a ela $ 300 para resolver seu caso. Abri uma ação imediatamente após receber essa oferta tão ofensiva. Pâmela acabou pegando $ 3.000 para resolver seu caso porque estávamos a um mês de ir ao julgamento e ela não queria ir à justiça. Se ela tivesse me contratado logo após o acidente, eu poderia ter a ajudado a encontrar alguns médicos que ofereceriam um tratamento melhor, e além disso, Pâmela teria recebido uma indenização maior, assim como os outros passageiros que estavam no carro com ela.

ERRO NÚMERO DEZ: ENTRAR EM CONTATO COM O ADVOGADO INCORRETO

Nem todos os advogados são iguais. Conheço alguns advogados que nunca entraram com uma ação em seus 20 anos de carreira. Outros advogados querem abrir um processo em todos os casos e levar todos para a justiça. Outros querem pressionar seus clientes a fazer uma cirurgia quando não precisam, para que o acordo com o seguro seja de um valor maior. As seguradoras também conhecem esses advogados.

Acho que todos nós sabemos que você não iria querer o advogado que "resolve" todos os casos sem abrir um processo. As seguradoras oferecem acordos menores para esses advogados porque sabem que eles nunca levam caso nenhum para a justiça.

Mas também você não iria querer o advogado que pensa que todos os casos devem ir à justiça. Esses advogados geralmente rejeitam muitos "bons" clientes porque estão pescando os grandes casos. No minuto em que você disser a eles que não fará a cirurgia, o advogado desistirá do seu caso. Além disso, muitos dos meus clientes não querem ir a julgamento. Pode levar dois anos a partir da data em que você entra com uma ação antes de seu caso chegar a julgamento. A seguradora e seus advogados têm dinheiro para apelar de qualquer caso, se quiserem, o que pode acrescentar mais dois anos após o julgamento. A maioria dos meus clientes quer um acordo justo e quer seguir em frente com suas vidas.

Meu escritório lida com muitos casos diferentes de acidentes de carro e sempre lutamos por um acordo justo. Confira o segundo apêndice sobre acordos para ver o quanto lutamos por nossos clientes. Se a seguradora der ao meu cliente uma oferta baixa, podemos entrar com uma ação judicial. Em minha carreira, abri processos em mais de 40 condados da Flórida. Nos meus primeiros três anos como advogado, entrei com mais de 5.000 ações judiciais.

CAPÍTULO 2:

O QUE O ADVOGADO DE ACIDENTES E LESÕES CORPORAIS FAZ

PRIMEIRO PASSO: REUNIÃO COM O CLIENTE, ASSINATURA DE CONTRATOS E INVESTIGAÇÃO DE CASO

O primeiro passo para o escritório de advocacia é cadastrar o cliente. Alguns advogados pedem que o cliente vá ao escritório para fazer o cadastro. Outros advogados enviarão um representante para se encontrar com o cliente em casa ou em qualquer outro local que seja mais conveniente para o cliente. Entendo que as pessoas geralmente ficam ocupadas após um acidente, devido ao aluguel de um carro, ferimentos, consultas médicas e ainda tem as atividades diárias regulares, como buscar as crianças na escola e ir trabalhar.

Embora eu prefira conversar com os clientes no meu escritório, já cadastrei alguns no local do acidente, no quarto do hospital, no consultório médico, em um Starbucks próximo, ou na própria casa do cliente. Hoje em dia, os clientes querem um serviço rápido, imediato, e nós, claro, tentamos acompanhar essa demanda, oferecendo serviços legais de alto nível. Se o cliente não vier ao escritório para se encontrar com o advogado quando fizer o cadastro, geralmente faremos com que o cliente faça uma ligação telefônica com o advogado na primeira semana para garantir que todas as suas perguntas sejam respondidas.

O contrato de honorários advocatícios é um contrato entre o cliente e o escritório de advocacia. Ele dirá quanto dinheiro o advogado vai cobrar. A maioria dos advogados de acidentes de carro nos Estados Unidos trabalha da mesma maneira: "sem compensação, sem taxas", o que significa que você não paga nada ao advogado se não receber uma compensação financeira pelos seus ferimentos. É assim que o meu escritório lida com casos de acidentes de carro.

Além do contrato de honorários advocatícios, os advogados na Flórida são obrigados a fornecer uma cópia da Declaração de Direitos do Cliente. É um documento de duas páginas para todas as vítimas de acidentes que pode ser encontrado no apêndice, no final deste livro, para sua conveniência.

O escritório do advogado provavelmente solicitará que você preencha algum tipo de questionário que inclua informações demográficas sobre você e suas informações de contato. Ele também pode solicitar detalhes sobre o acidente, casos anteriores de acidentes de carro e também o seu histórico médico, visto que isto possa afetar seu caso.

Se você tiver alguma foto, o escritório também deve solicitá-la neste momento. Eles também podem enviar alguém para tirar fotos do seu carro, ou ainda, poderão enviar alguém ao local do acidente se houver alguma informação importante lá.

SEGUNDO PASSO: ENVIO DE CARTAS DE REPRESENTAÇÃO

O segundo passo é rápido. É uma carta de representação à todas as partes envolvidas no acidente. Meu escritório normalmente envia uma carta a todas as seguradoras que inclui:

- um pedido para direcionarem todas as futuras ligações ao meu escritório;
- uma solicitação para saber os tipos de seguros e quais estão disponíveis;
- uma solicitação para que as companhias de seguros confirmem por escrito suas responsabilidades.

Na Flórida, as seguradoras são obrigadas a responder dentro de 30 dias e nos informar seus limites e responsabilidades de acordo com o tipo de seguro escolhido pelo cliente. Meu escritório envia as cartas de representação por correio, fax e até e-mail para as companhias de seguros, para que assim, possamos obter essas informações mais rapidamente.

TERCEIRO PASSO: CONFIRMAÇÃO DA COBERTURA DE SEGURO PELO TELEFONE

Imediatamente após o envio das cartas de representação, meu escritório entra em contato com as seguradoras pelo telefone para descobrir se há cobertura de seguro disponível. Isso acontece porque, às vezes, esquecem de pagar a conta do seguro ou propositalmente não têm seguro. Já vi pessoas comprarem seguro uma hora depois de sofrerem um acidente de carro. Já vi pessoas que compraram cartões de seguro falsos achando que estavam sendo espertas. Várias outras pessoas fecham com seguros de automóveis mais "em conta", ou de uma "marca inferior", mas esses geralmente não atendem o telefone quando os clientes ligam querendo registrar uma reclamação. Tem uma seguradora em Miami que vende milhares de apólices de seguro por ano e tem apenas cinco funcionários. Você acha que eles atendem o telefone quando você liga?

Os tipos de cobertura oferecidos por seguros de automóveis são:

PIP No-Fault: esta cobertura fornecerá até US$ 10.000 por pessoa ferida em um acidente de carro. Todos usam o seu próprio seguro a fim de usar esses benefícios, mesmo que sejam culpados pelo acidente. Se você possui um carro na Flórida, você usará o seu próprio seguro de automóvel. Se você não possui um carro na Flórida, você usará o seguro de algum parente (supondo que você more com um parente que tenha seguro de carro). Como medida de segurança, se você não possui um carro na Flórida e não mora com um parente que tenha seguro, então você poderá usar o seguro do veículo em que você estava no momento do acidente. Desta forma, 99% das pessoas feridas em um acidente de carro podem obter tratamento médico pelos seus ferimentos, independentemente de quem foi a culpa. Não há nada pior do que ser ferido e ainda ter que pagar pelo tratamento médico.

Bodily Injury (BI): esta cobertura é adquirida pelo motorista, que, em caso de culpa pelo acidente, cobre as despesas das pessoas que foram feridas. A cobertura de lesões corporais pode ser de vários valores diferentes, de US$ 10.000 (o mínimo na Flórida) a US$ 1.000.000 ou mais. Mas, se você foi ferido em um acidente de carro devido à negligência de outra pessoa, não significa que você receberá um cheque no valor total da cobertura. Você ainda tem que provar que sofreu uma lesão, que você tem contas médicas que não foram pagas, dor, sofrimento, etc. É para isso que você contrata um advogado.

Uninsured/Underinsured Motorist (UM): esta cobertura é adquirida para o seu próprio benefício e também o benefício de outras pessoas feridas que estiverem dentro do seu carro. Digamos que o motorista culpado não tinha cobertura de lesões corporais (Bodily Injury), ou que ele tinha apenas uma pequena quantidade de cobertura de lesões corporais. Se esse for o caso, você pode utilizar a sua cobertura de UM.

Property Damage: esta cobertura cobrirá apenas os carros danificados pelo condutor culpado pelo acidente. Ela não inclui o pagamento pelos danos do seu carro, se você foi a pessoa que causou o acidente.

Collision Coverage: esta cobertura cobrirá os reparos em seu veículo, mesmo que você tenha causado o acidente.

Exemplo: Sabrina estava dirigindo seu Toyota Camry 1999 e tinha 2 passageiros: Caio e Camila. Ela acabou causando um acidente porque estava bebendo e dirigindo. Sabrina não possui nenhum bem em seu nome, somente o carro. Ela tinha $ 10.000 por pessoa / $ 20.000 por acidente em cobertura de lesões corporais (BI), que é o mínimo exigido na Flórida. Caio não tinha cobertura UM, mas Camila tinha cobertura UM de $ 100.000. O máximo que Caio recuperaria por seus ferimentos neste acidente é o BI de $ 10.000. O máximo que Camila poderia recuperar por seus ferimentos é a cobertura de $ 10.000 BI do seguro de Sabrina, e mais $ 100.000 da sua cobertura UM. Sabrina foi a culpada pelo acidente, então ela não pode recuperar nenhum dinheiro por seus ferimentos, mas pode usar seu seguro PIP No-Fault.

Exemplo: Marcio causou um acidente com Julio. A cobertura de property damage de Marcio pagará para consertar o carro de Julio. Marcio foi inteligente o suficiente para adquirir a cobertura de colisão, então sua seguradora irá pagar pelo conserto de seu carro também.

QUARTO PASSO: SOLICITAÇÃO DE REGISTROS MEDICOS E OBTENÇÃO DOS DOCUMENTOS NECESSÁRIOS PARA A CARTA DE DEMANDA

Depois de concluir o tratamento com todos os seus médicos, é hora do seu advogado começar a solicitar seus registros médicos.

Este processo geralmente começa em torno de 4-6 meses a partir da data do acidente de carro, mas cada caso é um caso. Nesse período, eu tento agendar reuniões com cada cliente pessoalmente e também vários telefonemas. À essa altura, os nossos clientes já fizeram suas ressonâncias magnéticas e provavelmente tomaram uma ou duas injeções.

Esta fase pode parecer fácil – somente pedir aos médicos para enviarem os registros médicos para você. Mas, na verdade, esta é uma das etapas que consomem mais tempo e energia. Já quebrei vínculos com médicos porque eles tinham perdido os registros do cliente. Eu já "proibí" alguns clientes de marcarem consulta com alguns médicos por esse motivo. Algumas clínicas são muito desorganizados com documentos. Trabalhei com um médico em Port St. Lucie que leva seis meses para fazer a fotocópia de um prontuário. Eu não quis esperar, tive que pedir para uma das minhas funcionárias ir ao consultório com um scanner para escanearmos os registros médicos do nosso cliente. Além disso, o consultório não tinha todos os arquivos, ficou faltando um. Foram necessárias muitas mensagens de texto e telefonemas para que conseguíssemos toda a documentação com o médico.

Outra vez, precisei solicitar a documentação de um médico que me disse que seu computador tinha travado e ele não poderia me enviar os registros do seu paciente/meu cliente. Isso significa que eu teria que enviar as cartas de demanda do meu cliente com uma declaração dizendo que "o médico não conseguiu efetuar os registros médicos de quatro meses sobre a dor e tratamento do meu cliente". Isso afetou seriamente o caso. Eu me recuso a trabalhar com médicos assim. Mas, por outro lado, para cada médico ruim que eu recuso, outro muito bom aparece no lugar.

Conheci outro médico que precisei solicitar registros médicos de cinco meses de tratamento para um cliente, e descobri que ele fazia todas as contas médicas manuscritas. Essa foi a primeira e única vez que vi uma conta médica escrita à mão. Isso não existe mais, inventaram um sistema muito fácil de usar, cerca de vinte anos atrás, que custa cerca de $ 100. Esse é outro exemplo de médico que eu também não quero trabalhar junto.

Obter registros hospitalares é outra história. Todos os hospitais não usam papel, portanto, obter arquivos médicos deve ser rápido e fácil, certo? Errado! Eles levam meses para responder e depois nos enviam uma conta de mais de $ 100 de taxas pela solitação dos registros, embora existam leis estaduais e federais que regulam quanto eles podem cobrar pelos registros médicos. Além disso, se fosse um caso de vida ou morte e o cliente tivesse que esperar por esses registros, o cliente estaria morto.

Alguns dos outros documentos que solicitamos incluem as contas de conserto do veículo do nosso cliente e fotos de ambos os veículos. Talvez já podemos ter essas informações, mas às vezes, contas de reparo suplementares são adicionadas, então verificamos novamente.

Também solicitamos, por exemplo, o histórico de entrada e saída de academia, caso o cliente costumava a se exercitar antes do acidente, e teve uma mudança em sua rotina de exercícios devido aos ferimentos. Representei um cliente que frequentava a academia todos os dias durante um ano consecutivo. Após o acidente, ele parou de ir à academia por três meses por causa das dores. Depois desse tempo, meu cliente voltou à academia, mas esporadicamente. Usamos aquele histórico da academia LA Fitness para aumentar a remuneração de nosso cliente. Isso comprova duas coisas: (1) nosso cliente foi ferido e (2) nosso cliente tem documentos que provem a sua perda de prazer.

Eu representei um casal que não conseguiu ir à um cruzeiro porque, no caminho para o porto, caíram e se machucaram. Isso fez com que eles fossem para o hospital e perdessem a saída do navio. Aquele dinheiro que eles perderam era reembolsável. Não foi um cruzeiro de aniversário de 10 anos de casamento ou algo "muito especial" que causasse danos morais. Meus clientes ficaram satisfeitos com o valor recuperados, mas eles não receberam muita compensação em termos de "perda de prazer" porque, como mencionei, não era uma data importante, então foi entendido que eles poderiam facilmente agendar outro cruzeiro para outra data.

Representei outro casal que estava junto há dez anos e eram bem adventureiros. Faziam passeios a cavalo, exploravam cavernas, velejavam dos EUA para a América Central... Depois do acidente de carro que sofreram, eles não puderam mais fazer essas coisas, então incluímos fotos do casal fazendo essas atividades. Isso comprovou que tiveram "perda de prazer", portanto, conseguimos um bom acordo para eles.

Nesse período, provavelmente já temos o boletim de ocorrência e sempre o anexamos à nossa carta de demanda. Eu já vi boletins de ocorrência muito bons, como por exemplo, um que dizia que bateram no carro da minha cliente por trás e o motorista culpado fugiu do local do acidente. Minha cliente decidiu seguir o motorista que estava tentando fugir, e chamou a polícia enquanto fazia isso. A polícia foi atrás deles e conversou com o motorista culpado pelo acidente, que estava com um cheiro forte de álcool. O policial também encontrou alguns comprimidos espalhados pelo chão do carro e uma garrafa de vodka também. Nesse caso, sublinhamos as partes mais "polêmicas" do boletim de ocorrência e as colocamos em negrito também na nossa carta de demanda. Este caso foi encerrado com um valor três vezes maior do que a média justamente pelo que constava no boletim de ocorrência. Mostrou que o motorista culpado estava: (1) bêbado, (2) tomando pílulas e (3) fugindo do local do acidente. Esses fatos eram tão fortes que o agente de seguro estava implorando para resolver o caso sem ir para a justiça e ainda dobrou a oferta inicial, que era bem alta já de início.

Às vezes, também incluímos os comprovantes de salários não-pagos quando aplicável. Isso significa que, às vezes, conseguimos com que o cliente obtenha uma porcentagem de reembolso pelos dias que não trabalhou e deixou de receber. Para isso, é mais fácil quando conseguimos uma carta do departamento de RH da empresa que o cliente trabalha, informando quanto o cliente ganha por hora e quantas horas/turnos ele perdeu devido ao acidente. Mas raramente é assim. A maioria das empresas evita escrever esse tipo de carta porque não quer se envolver ou acha que assim estará participando de um processo judicial. Ou então, por exemplo, tenho alguns clientes que trabalham em restaurantes e são pagos em dinheiro. Por isso, não há documentação adequada que consiga provar os salários perdidos deles.

Meus clientes que trabalham por conta própria, muitas vezes afirmam que perderam milhares de dólares depois do acidente, mas é difícil provar isso com as declarações fiscais deles. Isso acontece porque alguns desses clientes possuem variantes nos impostos, e isso faz com que eles não queiram fornecer os comprovantes fiscais, tornando, assim, difícil a comprovação dos salários perdidos.

Conseguir provar e ter a documentação adequada de salários perdidos geralmente é muito difícil, mas gostamos de incluir essa informação sempre que possível.

Meu escritório também inclui uma contagem de quilometragem entre a casa do cliente e o consultório médico e pede reembolso por isso também. Calculamos essa distância usando o MapQuest.

Certa vez, no início da minha carreira, cometi o erro de incluir uma verificação de antecedentes do motorista culpado, que não era o nosso cliente, mostrando que ele tinha muitos bens em seu nome e era dono de muitas empresas. Esse documento, na verdade, foi incluído por engano porque estava anexado à outro documento e acabamos enviando todos juntos. Quando a agente de seguro viu, ela alegou que eu estava demandando um valor mais alto simplesmente porque o motorista culpado era rico. Acabamos encerrando esse caso em um valor exatamente no limite da apólice de seguro, mas por razões diferentes. Estou mencionando esse exemplo para mostrar que anexar muita informação também pode ser um problema.

Os relatórios de ressonância magnética são essenciais para incluir em uma carta de demanda. Se o cliente tem dor no pescoço, mas nunca fez uma ressonância magnética do pescoço, geralmente peço ao cliente que volte ao médico e pegue uma receita para fazer o exame de ressonância magnética. As seguradoras geralmente não levam uma lesão em consideração, se não houver uma ressonância magnética. Lembre-se, você precisa provar seus ferimentos e a ressonância magnética, por ser um exame de imagem, é a melhor forma de fazer isso.

Quaisquer recibos de medicamentos prescritos ou outras taxas que você tenha pagado pelo tratamento são normalmente solicitados pelo meu escritório, para que possamos incluir essas despesas em nossa carta de demanda.

Quando os clientes tem marcas ou cicatrizes do acidente, ou após uma cirurgia, também anexamos fotos disso. Ter alguma marca no corpo após o acidente aumenta o valor de indenização.

Cada caso é único e anexamos documentos diferentes dependendo do incidente.

QUINTO PASSO: ELABORAÇÃO DA CARTA DE DEMANDA (EXTRAJUDICIAL)

Meu escritório tem uma carta de demanda padrão de cinco páginas que usamos como esboço. Adicionamos ou removemos certas partes, dependendo do caso. Não é necessário fazer uma nova carta, do zero, toda vez.

A maioria dos escritórios de advocacia, incluindo o nosso, terá as seguintes informações em sua carta de demanda:

a) uma seção de responsabilidade explicando porquê a pessoa culpada foi negligente;

b) uma seção sobre o tratamento médico, explicando quais partes do corpo foram feridas com base nos registros, quais exames foram solicitados e os resultados, comprovantes de ressonância magnética, frequência do tratamento, cirurgias, recomendações médicas, etc. Basicamente, esta seção apresenta os médicos que fizeram o tratamento do cliente, onde foram os ferimentos, o tipo de tratamento que o cliente recebeu e o que os médicos receitaram;

c) uma seção sobre as despesas médicas, mostrando com detalhes todas as contas médicas e o quanto de dinheiro foi pago à esses médicos;

d) uma demanda dos limites de cobertura, ou de valor inferior, conforme as peculiaridades do caso (Não faria sentido pedir um milhão de dólares por um caso que, na verdade, vale alguns milhares). A demanda está condicionada ao recebimento de uma declaração juramentada já preenchida que anexamos, um requisito de tempo para que a seguradora emita os limites da apólice e uma renúncia por escrito à sub-rogação de qualquer cobertura de motorista com seguro insuficiente, se aplicável;

e) um pedido de explicação da oferta feita pela seguradora, o que incluímos com o intuito de fazer com que o agente de seguros pense duas vezes antes de oferecer ao nosso cliente uma oferta baixa. Além disso, existe um estatuto na Flórida sobre isso, que exije que os seguros forneçam essa informação;

f) um documento explicando que a oferta de encerramento de caso pode ser alterada ou rescindida a qualquer momento.

As informações listadas acima são apenas as informações genéricas que constam em todas as cartas de demanda extrajudiciais. Sempre adicionaremos ou retiraremos informações dependendo de cada caso e situação.

Certa vez, representei um cliente que passou meses no hospital depois de ser atropelado por um carro. Enviei uma carta de demanda com mais de 500 páginas com todas as documentações, prontuários e contas médicas.

Já enviei também uma carta de demanda com o único documento que eu tinha: uma certidão de óbito. Meu cliente era um ciclista que foi atropelado por um carro em alta velocidade e morreu no local. Havia uma ciclovia e foi presumido que ele estava andando de bicicleta nesta ciclovia, quando foi atropelado pelo motorista de um carro que perdeu o controle e acabou atingindo a ciclovia. Não havia testemunhas além da motorista do carro, e ela não se lembrava de ter visto meu cliente antes do acidente, somente depois da batida. Na época, o boletim de ocorrência não foi emitido, pois os detetives de homicídios estavam investigando o caso, e o processo é demorado até que consigam emitir um boletim de ocorrência concreto. Por fim, todos concordaram que o que provavelmente aconteceu foi que o motorista do carro, uma senhora de idade, causou o acidente ao invadir a ciclovia e atingir o meu cliente. Alguns meses depois que o caso foi encerrado com o valor limite da apólice, o detetive de homicídios me procurou e me encaminhou uma cópia do relatório investigativo final. O detetive estava esperando há meses por um relatório toxicológico, que mostrou que o nível de álcool no sangue do meu cliente era três vezes o limite legal para conduzir um veículo. Embora não tenhamos nenhuma prova definitiva, é provável que o meu cliente foi o culpado pelo acidente, e provavelmente invadiu a estrada onde o carro estava passando porque estava bêbado. Se for o culpado, você não tem direito a receber uma indenização após um acidente de carro.

SEXTO PASSO: RESPOSTA À OFERTA DE ACORDO

Depois que uma carta de demanda e toda a documentação são recebidos pela seguradora, eles geralmente têm 30 dias para responder com uma oferta.

Minha carta de demanda inclui uma seção solicitando ao avaliador de seguros que forneça uma explicação por escrito dos fatores que eles consideraram ao fazer uma oferta inferior aos limites da apólice. Às vezes, eles incluem essas informações e outras vezes não. Os Estatutos da Flórida exigem que a seguradora forneça prontamente uma explicação razoável por escrito para a oferta de um acordo.

Às vezes, as seguradoras oferecem o valor máximo da apólice com base no tratamento médico recebido, nos danos à propriedade e nos fatos individuais de cada caso.

Ou, o que acontece mais frequentemente: a seguradora oferece um valor menor do que os limites máximos da apólice, e temos que negociar um acordo. Se eles oferecerem menos do que os limites da apólice, eu entro em contato com o cliente para discutir algumas coisas. Primeiro, gosto de perguntar se o cliente ainda sente dores por causa do acidente. Se eles estiverem sentindo dor, discuto as opções com o cliente e informo que, uma vez que o caso é resolvido, não há como voltar atrás. Se o cliente precisa tomar analgésicos pelo resto da vida, isso sairá do bolso dele depois que resolvermos o caso. Se o cliente precisar fazer uma cirurgia daqui a três anos porque sente muita dor, isso também sairá do bolso dele depois que o caso for resolvido. Lembre-se, as companhias de seguros não estão "distribuindo dinheiro" e não vão lhe dar um cheque para fazer uma cirurgia nos próximos anos. Se você não fizer uma cirurgia antes de encerrarmos o seu caso, eles não pagarão por ela futuramente.

Se recebermos uma oferta baixa da seguradora, lutarei o máximo para que meus clientes recebam uma oferta justa. Mas, ao mesmo tempo, o cliente também precisa lutar. Se eles se recusarem a receber uma injeção para reduzir a dor (especialmente quando a seguradora pagará por isso), o cliente está me mostrando (e mostrando ao juiz também, se abrirmos um processo) que ele não está *gravemente* ferido.

Entendo que alguns clientes têm medo de tomar injeção. As injeções podem ser realizadas sob anestesia local ou geral. Se estiver com medo, você pode ser "colocado para dormir" por dez minutos. Se essa injeção reduz sua dor, por exemplo, de 9 para nível 3, então por que uma pessoa ferida em um acidente de carro não tomaria a injeção, especialmente quando a seguradora pagará a conta?

Tive um cliente que ficou gravemente ferido após um acidente e quando recebemos uma oferta de $ 6.000, eu tive que marcar uma reunião com ele pessoalmente porque o valor oferecido demonstrou que a seguradora não estava se importando com seus ferimentos e dor causados pelo acidente. Após conversarmos por 30 minutos, o cliente decidiu que precisava voltar ao médico e agendar a injeção epidural que tinha sido recomendada anteriormente. O cliente me disse que essa injeção tinha que ter sido tomada meses atrás, mas ele ficou com medo. Acabei encerrando o caso por um valor de $ 50.000, mas saber que o meu cliente tomou a injeção e não sentia mais dores foi mais gratificante para mim.

Tive outro cliente que sentia fraqueza extrema no joelho depois do seu acidente de carro. Ele estava com muito medo da cirurgia, mas fiz com que ele se encontrasse com outro cliente que havia feito a mesma cirurgia no joelho apenas três dias antes. Os dois conversaram sobre a cirurgia individualmente e ele decidiu fazer a cirurgia no joelho ao perceber os benefícios. A cirurgia do joelho é cara se você tiver que pagar do próprio bolso por ela. Por que não fazer com que o seguro do automóvel pague pela cirurgia e ainda pelos dias que você faltou ao trabalho enquanto se recuperava?

SÉTIMO PASSO: NEGOCIAÇÃO OU INICIAÇÃO DE PROCESSO

Nessa fase, seu advogado decidirá se é melhor negociar o seu caso e resolvê-lo sem ter que ir à justiça, ou se seria do interesse do cliente entrar com uma ação.

Às vezes, os advogados podem levar um ano inteiro para negociar um caso se acharmos que a seguradora está sendo razoável. Mas às vezes, abro um processo no mesmo dia em que recebemos uma oferta se o corretor de seguros fizer uma oferta ofensiva de tão baixa.

Por exemplo, uma vez um agente de seguros me ligou para me dizer que ele "nunca pagará por essa reclamação de merda". Imediatamente entrei com o processo. Eles estavam desfazendo da minha cliente e tratando-a como se ela fosse a culpada pelo acidente. Depois descobri que o motorista culpado pelo acidente, que bateu no carro da minha cliente, tinha sido preso várias vezes em vários estados diferentes por violência e uso de drogas. Ele também admitiu ter bebido e fumado maconha uma hora antes do acidente. Admitiu até que foi o culpado pelo acidente. Com todos esses fatos e depoimentos, a companhia de seguros teve que nos pagar um valor muito bom de indenização.

Às vezes, abro um processo rapidamente porque sei que o agente é bobo e quero que eles contratem um advogado para examinar melhor o caso. Da mesma forma, já deixei de entrar com uma ação judicial em alguns casos porque sei qual advogado irá trabalhar neles. Alguns advogados que representam as companhias de seguros são "cabeça-fechada" e acham que todos os casos de acidentes de carro são exageros ou fraudulentos. Nesses casos, eu prefiro esperar um pouco para decidir se vou entrar com uma ação, porque às vezes um novo agente pode começar a trabalhar no caso e avaliá-lo de maneira diferente.

Não se deixe enganar. Nem todo caso vale a pena entrar com uma ação judicial ou passar seis meses negociando. Se o veículo não foi muito danificado e o meu cliente tiver sofrido três acidentes de carro nos últimos dois anos, nem sempre entrar com uma ação judicial é o mais indicado.

Os clientes precisam entender que os processos são demorados. Os tribunais são administrados pelo governo, e tudo relacionado ao governo é demorado. Além disso, também lidamos com os advogados da seguradora, que são especialistas em prolongar ainda mais os casos. Eles sempre pedem prorrogação e atrasam o agendamento de audiências. Eles propositalmente não respondem aos e-mails e telefonemas. Já preenchi centenas de sanções jurídicas contra seguradoras por suas táticas de atraso.

Certa vez, um advogado demorou mais de um ano para me fornecer uma cópia da documentação necessária. Então, entrei com um pedido de descumprimento de ordem judicial, solicitei sanções e um mandado de detenção contra ele. Em outras palavras, eu pedi ao juiz que expedisse um mandado de prisão do advogado por não ter fornecido as informações necessárias sobre o acidente, mesmo após ter uma ordem judicial que o obrigava a fazer isso. O juiz não assinou o meu pedido, mas o advogado ficou tão apavorado que me enviou todas as informações necessárias naquele mesmo dia por FedEx. Ele sabia que não deveria ter feito isso. Ele ficava dizendo que o caso era fraudulento e que ele tinha muitas evidências contra meu cliente, mas obviamente não tinha, caso contrário, eles não teriam pago o valor alto que pagaram ao meu cliente para encerrarmos o caso.

APÊNDICE:

DECLARAÇÃO DE DIREITOS DO CLIENTE

Antes que você, cliente em potencial, consiga um acordo de honorários de contingência com um advogado, você deve entender esta declaração de seus direitos como cliente. Esta declaração não faz parte do contrato real entre você e seu advogado, mas como cliente em potencial, você deve estar ciente desses direitos:

1. Não existe nenhuma exigência legal de que um advogado cobre de um cliente uma taxa fixa ou uma porcentagem do dinheiro recuperado em um caso. Você, cliente, tem o direito de conversar com seu advogado sobre os honorários propostos e negociar sobre a taxa ou porcentagem como em qualquer outro contrato. Se você não chegar a um acordo com um advogado, poderá conversar com outros advogados.

2. Qualquer contrato de taxa de contingência deve ser feito por escrito e você tem três (3) dias úteis para reconsiderar o contrato. Você pode cancelar o contrato sem qualquer motivo se notificar seu advogado por escrito com três (3) dias úteis da assinatura do contrato. Se você rescindir o contrato nos primeiros três (3) dias, você não deve honorários ao advogado, embora possa ser responsável pelos custos reais do advogado durante esse período. Mas, se seu advogado começar a representá-lo, seu advogado não poderá se retirar do caso sem avisar, entregar os documentos necessários e te dar tempo para contratar outro advogado. Muitas vezes, seu advogado deve obter uma aprovação do tribunal antes de desistir de um caso. Se você demitir seu advogado sem justa causa após o período de três (3) dias, poderá ter que pagar uma taxa pelo trabalho que o advogado realizou.

3. Antes de contratar um advogado, você, cliente, tem o direito de saber sobre a formação e experiência do advogado. Se você pedir, o advogado deve te falar especificamente sobre sua experiência

em lidar com casos semelhantes ao seu, e também, deve fornecer informações sobre a sua formação por escrito, se solicitado.

4. Antes de assinar um contrato de honorários de contingência com você, um advogado deve avisá-lo se pretende cuidar do seu caso sozinho ou se outros advogados irão ajudar no caso. Se o seu advogado pretender encaminhar o caso para outros advogados, ele ou ela deve lhe dizer que tipo de acordo de compartilhamento de honorários será feito com os outros advogados. Se advogados de diferentes escritórios de advocacia irão representá-lo, pelo menos um advogado de cada escritório de advocacia deve assinar o contrato de taxa de contingência.

5. Se o seu advogado pretender encaminhar um caso à outro advogado ou à uma empresa com outros advogados, seu advogado deve informá-lo sobre isso no início. Se o seu advogado aceitar o caso e depois decidir encaminhá-lo para outro advogado ou à uma empresa com outros advogados, você deve assinar um novo contrato que inclua os novos advogados. Você, cliente, também tem o direito de consultar cada advogado que trabalha em seu caso; e cada advogado é legalmente responsável por representar seus interesses, além de serem legalmente responsáveis pelos atos dos outros advogados envolvidos no seu caso.

6. Você, cliente, tem o direito de saber antecipadamente como deverá pagar as despesas e honorários advocatícios ao final do processo. Se você pagar um depósito adiantado para os custos, poderá fazer perguntas sobre como o dinheiro será ou foi gasto e quanto ainda não foi gasto. Seu advogado deve fornecer uma estimativa aproximada sobre os custos futuros necessários. Se o seu advogado concordar em emprestar ou adiantar dinheiro para preparar ou pesquisar o caso, você tem o direito de saber periodicamente quanto dinheiro seu advogado gastou em seu nome. Você também tem o direito de decidir, após consultar seu advogado, quanto dinheiro deve ser gasto para trabalhar em um caso. O seu advogado também deve informar se os honorários serão baseados no valor bruto recuperado ou no valor recuperado menos os custos.

7. Você, cliente, tem o direito de ser informado pelo seu advogado sobre possíveis consequências adversas se perder o caso. Essas consequências adversas podem incluir dinheiro, que talvez poderão ser pagos ao seu advogado, por custos e taxas de honorários advocatícios para o outro lado.

8. Você, cliente, tem o direito de receber e aprovar uma declaração de encerramento no final do caso antes de pagar qualquer quantia. A declaração deve listar todos os detalhes financeiros de todo o caso, incluindo o valor recuperado, todas as despesas e declaração precisa dos honorários de seu advogado. Até que você aprove uma declaração de encerramento, você não precisa pagar nenhum dinheiro a ninguém, incluindo seu advogado. Você também tem o direito de fazer com que todos os escritórios de advocacia que trabalham em seu caso assinem a declaração de encerramento.

9. Você, cliente, tem o direito de perguntar ao seu advogado, em intervalos razoáveis, como o caso está progredindo, e de ter essas perguntas respondidas da melhor maneira possível.

10. Você, cliente, tem o direito de tomar a decisão final sobre a resolução do caso. Seu advogado deve notificá-lo de todas as ofertas de acordo antes e depois do julgamento. As ofertas durante o julgamento devem ser comunicadas imediatamente e você deve consultar seu advogado para saber se aceita umacordo. No entanto, você deve tomar a decisão final de aceitar ou rejeitar um acordo.

Se a qualquer momento, você, cliente, acreditar que seu advogado cobrou uma taxa excessiva ou ilegal, você, cliente, tem o direito de relatar o assunto à Ordem dos Advogados da Flórida, agência que supervisiona a prática e o comportamento de todos os advogados no estado da Flórida. Para obter mais informações sobre a Ordem dos Advogados da Flórida, ligue para 1-800-342-8060 ou entre em contato com a Ordem dos Advogados local. Qualquer desacordo entre você e seu advogado sobre uma taxa pode ser levado ao tribunal e você pode querer contratar outro advogado para ajudá-lo a resolver esse desacordo. Normalmente, as disputas de taxas devem ser tratadas em um processo separado.

OFERTAS DE LIQUIDAÇÃO INICIAL E MONTANTES FINAIS

Este capítulo mostrará o quanto as seguradoras gostam de negociar.

Este capítulo te mostrará exatamente por que você precisa de um advogado. No lado esquerdo você verá a oferta inicial. No lado direito, você verá o que a seguradora pagou aos meus clientes.

É por isso que você precisa de um advogado. Negociamos diariamente com as seguradoras e sabemos quanto vale o seu caso.

Para a privacidade de nossos clientes, deletamos algumas informações.

9800 Fredericksburg Road
San Antonio, TX 78288

ABRAHAM S OVADIA, ESQ.
FLORIDA PIP LAW FIRM, P.A.
4800 NORTH FEDERAL HWY, SUITE
BOCA RATON FL 33431-5188

April 7, 2015

Reference: [redacted]

Dear Abraham S Ovadia, Esq.,

I am writing regarding the claim referenced below.

Policyholder:	[redacted]
Reference #:	[redacted]
Date of loss:	August 29, 2014
Location of loss:	Boca Raton, Florida

In response to the BI demand that we have reviewed for [redacted], we are offering $15,000 to settle this claim. Please relay this offer to your client and contact me at your convenience.

You may submit correspondence or questions to me. My contact information is:

Address: Auto Injury Solutions
Attn: USAA Medical Mail Dept.
P.O. Box 26001
Daphne, AL 36526

Fax:
Phone:

Sincerely,

USAA Southeast Regional Office
United Services Automobile Association

EF/EQS

cc :

000537452 - DM-04664 - 560 - 7941 - 31 54577-0914

Page 1 of 1

MAIL DIRECT

03292.1XZ2D.JSS1062420902.01.01.11916
FLORIDA PIP LAW FIRM TRUST ACCOUNT
4800 N FEDERAL HWY
STE D204
BOCA RATON, FL 334315188

United Services Automobile Association
PO Box 33490
San Antonio, TX 78265

INVOICE #: [redacted]
USAA #: [redacted]
LOSS RPT #: 560
LOSS DATE: 08/29/2014
POLICYHOLDER: [redacted]

LOB: AUT
CLAIMS REP: [redacted]
CHECK #: 0011621877
CHECK DATE: 06/09/2015

EXPLANATION OF PAYMENT	TOTAL PAYMENT AMOUNT
Payment under Bodily Injury Liability coverage FOR THE BENEFIT OF [redacted]	$**75,000.00

93866-0115

0011621877

USAA

United Services Automobile Association
PO Box 33490
San Antonio, TX 78265

51-44/119 CT

DATE
06/09/2015

CHECK AMOUNT
$**75,000.00

PAY **Seventy-Five Thousand and 00/100 s**

TO THE ORDER OF: FLORIDA PIP LAW FIRM TRUST ACCOUNT

USAA #: [redacted] / LR #: 560

NATURE OF PAYMENT:
Payment under Bodily Injury Liability coverage FOR THE BENEFIT OF [redacted]

BANK OF AMERICA - HARTFORD, CT

VOID 180 DAYS FROM ISSUE DATE

AUTHORIZED SIGNATURE

⑈0011621877⑈ ⑆011900445⑆ 2240015665⑈

GEICO General Insurance Company

Attn: Florida Claims, P.O. Box 9091
Macon, GA 31294-9248

04/17/2015

Florida Pip Law Firm, P.a
To Whom It May Concern
4800 N Federal Hwy STE 204D
Boca Raton, FL 33431-3413

Company Name: Geico General Insurance Company
Claim Number: [redacted]
Loss Date: Monday, December 8, 2014
Policyholder: [redacted]

To Whom It May Concern,

This will acknowledge receipt of your letter dated April 8,2015, demanding $100,000 to settle your client's claim. We called on April 16,2015 and we left a message for attorney . This will confirm that our insured's Bodily Injury liability limits are $100,000/$300,000.

We have reviewed the medical records for your client., [redacted] We understand that your client treated after the accident with for a cut over her eye brow, which it appear she had to have stiches for. When your client presented herself urgent care she never mention any injuries to her neck or her back on the date of loss. It appears she waited almost a week post loss to follow up with a chiropractor for injuries alleged to her neck and back. Ms. [redacted] treated with a chiropractor and orthopedic doctor for soft tissue injuries. Your client was diagnosed with herniation's and bulges in the cervical and lumbar spine. It's questionable if there was a threshold breached. We are requesting the MRI films for cervical and lumbar spine. We would like updated photos of the cut above her right eye also.

We are extending an offer of $10,000. Given the known facts of this loss and the medical documentation within our possession, we believe that we have made a fair and reasonable offer. You and your client should be advised that if additional information comes to light we have the right to adjust or withdraw our settlement offer at any time.

We look forward to hearing from your office so that we may continue to work to resolve this claim in a manner that is fair and equitable to all parties involved.

EC0020 (1/2007)

Detailed Payment Summary

GEICO GENERAL INSURANCE CO
Field Claim Center: 08 Florida

NO. N 176027291
Date: 09/10/2015

ONE GEICO CENTER
MACON, GA 31296-0001

Claim #: [redacted]
Date of Loss: 12/08/2014

Claimant Name: [redacted]
Insured Name: [redacted]
Tax ID / SS# / XX-XX[redacted]
Atty ADJ Code:
Adjuster Code: [redacted]

Pay To:
Florida PIP Law Firm PA Trust Account
A/B/O [redacted], A Single Individual

Florida Pip Law Firm Pa
4800 N Federal Hwy Ste 204D
Boca Raton Fl 33431-3413

Total Amount:
$**100,000.00

Payment Type:
LOSS

IP AND FEATURE AND AMOUNT
02 RBI $*100000.00

In Payment Of
Bodily Injury Coverage
Bodily Injury Settlement

Visit geico.com

Now, parties involved in a GEICO claim can track the progress of the claim, view damage photos and more at geico.com! *GEICO policyholders can make a payment, change drivers or vehicles and request additional coverages.* Not insured with GEICO? 15 minutes could save you 15% or more on car insurance. Of course, we're also available for policy or claim service 24/7 at 1-800-841-3000.

* These online services are unavailable to Assigned Risk policyholders.

clmschck PLEASE DETACH AND KEEP FOR YOUR RECORDS

GEICO GENERAL INSURANCE CO
ONE GEICO CENTER
MACON, GA 31296-0001

Bank of America
Hartford, CT 06120
51-44 / 119 CT

NO. N 176027291
VOID AFTER 180 DAYS
Date: 09/10/2015

Claim Number: [redacted]

Claimant: [redacted]

Insured Name: [redacted]

Feature Symbol & Amount
RBI $*100000.00

Amount:
$**100,000.00

ONE-HUNDRED--THOUSAND*AND*00/100*DOLLARS*

Pay to the Order of:
Florida PIP Law Firm PA Trust Account
A/B/O [redacted], A Single Individual

In Payment of:
Bodily Injury Coverage
Bodily Injury Settlement

Mail To:
Florida Pip Law Firm Pa
4800 N Federal Hwy Ste 204D
Boca Raton Fl 33431-3413

⑈176027291⑈ ⑆011900445⑆ 0000001919⑈

GEICO.
geico.com

GEICO General Insurance Company

Attn: Florida Claims, P.O. Box 9091
Macon, GA 31294-9248

04/06/2015

Florida Pip Law Firm, P.a
To Whom It May Concern
4800 N Federal Hwy STE 204D
Boca Raton, FL 33431-3413

Company Name: Geico General Insurance Company
Claim Number: [redacted]
Loss Date: Monday, December 8, 2014
Policyholder: [redacted]

To Whom It May Concern,

This will acknowledge receipt of your letter dated April 3,2015, demanding $100,000 to settle your client's claim. We called on April 3,2015 and we left a message for [redacted]
This will confirm that our insured's Bodily Injury liability limits are $100,000/$300,000.

We have received your demand for [redacted]. We have reviewed the medical records for your client. We understand you client has treated with an orthopedic doctor as well as a chiropractor. Your client also treated with urgent care. It appears your client was diagnosed with a right shoulder tear and herniation in the cervical spine. We are requesting the MRI films for both the right shoulder and the cervical spine.

In order to continue the evaluation of the claim, we are extending an offer of $5,989.00. Given the known facts of this loss and the medical documentation within our possession, we believe that we have made a fair and reasonable offer. You and your client should be advised that if additional information comes to light we have the right to adjust or withdraw our settlement offer at any time.

We look forward to hearing from your office so that we may continue to work to resolve this claim in a manner that is fair and equitable to all parties involved.

Sincerely,

[redacted], Examiner Code [redacted]
[redacted]

EC0020 (1/2007)

Detailed Payment Summary

GEICO GENERAL INSURANCE CO
Field Claim Center: 08 Florida

NO. N 176060270
Date: 09/14/2015

ONE GEICO CENTER
MACON, GA 31296-0001

Claim #: 0357405640101010
Date of Loss: 12/08/2014

Claimant Name: [redacted]
Insured Name: [redacted]
Tax ID / SS# / XX-XXX[redacted]
Atty ADJ Code:
Adjuster Code: JOLT

Pay To:
Florida Pip Law Firm Pa Trust Account
A/B/O [redacted], A Single Individual

Florida Pip Law Firm Pa
4800 N Federal Hwy Ste 204D
Boca Raton Fl 33431-3413

Total Amount:
$***90,000.00

Payment Type:
LOSS

IP AND FEATURE AND AMOUNT
04 RBI $**90000.00

In Payment Of
Bodily Injury Coverage
Bodily Injury Settlement

clmschck PLEASE DETACH AND KEEP FOR YOUR RECORDS

GEICO GENERAL INSURANCE CO
ONE GEICO CENTER
MACON, GA 31296-0001

Bank of America
Hartford, CT 06120
51-44
119 CT

Claim Number: [redacted]

NO. N 176060270
VOID AFTER 180 DAYS
Date: 09/14/2015

Claimant: [redacted]

Insured Name: [redacted]

Feature Symbol & Amount
RBI $**90000.00

Amount:
$***90,000.00

NINETY-THOUSAND*AND*00/100*DOLLARS

Pay to the Order of:
Florida Pip Law Firm Pa Trust Account
A/B/O [redacted], A Single Individual

In Payment of:
Bodily Injury Coverage
Bodily Injury Settlement

Mail To:
Florida Pip Law Firm Pa
4800 N Federal Hwy Ste 204D
Boca Raton Fl 33431-3413

⑈176060270⑈ ⑆011900445⑆ 00000001919 1⑈

MetLife Auto & Home®
Tampa Field Claim Office
Attention: Claims
P.O. Box 30018
Tampa, FL 33630
(800) 854-6011

MetLife

July 1, 2015

Florida Pip Law Firm PA
4800 N Federal Hwy Suite D204
Boca Raton, FL 33431

Our Customer: ████
Our Claim Number: ████
Date of Loss: December 2, 2014
Your Client: ████

Dear Mr Ovadia:

I am in receipt of your bodily injury demand for ████ and thank you for same. Per the message left with your office, at this time we are extending an offer of $23,000 to resolve her claim.

Please contact me once you have discussed this offer with your client. Thank you.

We look forward to hearing from you soon.

Sincerely,

████
Metropolitan Casualty Insurance Company
Senior Claim Adjuster
(800) 854-6011 ████
Fax: (866) ████

FLORIDA LAW REQUIRES US TO NOTIFY YOU OF THE FOLLOWING: Any person who knowingly and with intent to injure, defraud, or deceive any insurance company files a statement of claim containing any false, incomplete, or misleading information is guilty of a felony of the third degree.

0012
PO BOX 30018
TAMPA FL 33630

MetLife Auto & Home

MetLife Auto & Home is a brand of
Metropolitan Property and Casualty Insurance Company
and its Affiliates, Warwick, RI

0012

TAD163830
FLORIDA PIP LAW FIRM PA
4800 N FEDERAL HWY STE 204D
BOCA RATON, FL 33431

INSURED: [redacted]
CLAIMANT: [redacted]
CHECK NUMBER : 008466243
CHECK AMOUNT: $70,000.00
Seventy Thousand and 0/100 Dollars

BODILY INJURY PAYMENT FOR CLAIMS ARISING FROM
LOSS OF 12-02-14

F1 DJ DJ 3104503

MetLife Auto & Home

0894 62-20/311

METROPOLITAN CASUALTY INSURANCE COMPANY

PO BOX 30018
TAMPA FL 33630
1-800-854-6011

BODILY INJURY PAYMENT FOR CLAIMS ARISING FROM LOSS OF 12-02-14			Check Number 008466243
	TIN	Claim No. [redacted]	Not Valid Before 11-05-2015
			Void Nine (9) Months After This Date
			Amount *******$70,000.00

Seventy Thousand and 0/100 Dollars

Pay to the Order of: FLORIDA PIP LAW FIRM PA
4800 N FEDERAL HWY STE 204D
BOCA RATON, FL 33431

Citibank, N.A.
One Penn's Way
New Castle, DE 19720

AUTHORIZED SIGNATURE

⑈008466243⑈ ⑆031100209⑆ 38755839⑈

Providing Insurance and Financial Services
Home Office, Bloomington, IL

StateFarm®

May 29, 2015

Florida Pip Law Firm
4800 N Federal Hwy Ste 204d
Boca Raton FL 33431-3413

State Farm Claims
PO Box 106171
Atlanta GA 30348-6171

RE: Claim Number: [redacted]
Date of Loss: December 13, 2014
Our Insured: [redacted]
Your Client: [redacted]

To Whom It May Concern:

We received your 05/18/2015 time limit demand for your client, [redacted]. We have concluded the evaluation of your client's claim resulting from this loss. Based on the documentation provided, State Farm® is willing to settle your client's claim for $15,500.

Please contact us once you have had an opportunity to review this offer.

Sincerely,

[redacted]
Claim Specialist
(844) 292-8615 Ext. [redacted]
Fax: (855) 820-[redacted]

State Farm Mutual Automobile Insurance Company

cc: [redacted]

STATE FARM MUTUAL AUTOMOBILE INSURANCE COMPANY 1 01 070296 J

AUTO INJURY

JPMORGAN CHASE BANK, NA 56-1544/441
COLUMBUS, OH 43240

DATE 12-08-2016
MM-DD-YYYY

CLAIM NO [redacted] INSURED [redacted]
LOSS DATE 12-13-2014

******EXACTLY THIRTY-SEVEN THOUSAND FIVE HUNDRED AND 00/100 DOLLARS $*****37,500.00

Pay to the Order of: [redacted], A SINGLE INDIVIDUAL & FLORIDA PIP LAW FIRM, HIS ATTORNEY

AUTHORIZED SIGNATURE

AUTHORIZED SIGNATURE

SECURED DOCUMENT WATERMARK APPEARS ON BACK, HOLD AT 45° ANGLE FOR VIEWING

⑈0117070296⑈ ⑆044115443⑆ 627118268⑈

2015-09-22 09:40 ProgressiveInsurance 5614028099 >> 0 P 1/1

PROGRESSIVE CLAIMS
1641 WORTHINGTON ROAD
SUITE 200
WEST PALM BEACH, FL 33409

PROGRESSIVE®

Underwritten By:
Progressive American Insurance Company

Claim Number: [redacted]
Loss Date: March 27, 2015
Document Date: September 18, 2015
Page 1 of 1

FLORIDA PIP LAW FIRM
ABRAHAM OVADIA
4800 N FEDERAL HIGHWAY
STE D204
BOCA RATON, FL 33431

claims.progressive.com
Track the status and details of your claim, e-mail your representative or report a new claim.

Claim Information

Sent via mail and fax:

RE:Your Client : [redacted]

In response to your demand letter dated September 8, 2015 for your client, [redacted] I am extending a settlement offer of $1,710.00 as full and final for his pending claim. Please discuss our settlement offer with your client and advise me of his decision.

Should you have any questions, please feel free to contact me at the number below.

[redacted]
Claims Department
1-561-469-[redacted]
1-800-PROGRESSIVE (1-800-776-4737)
Fax: 1-561-683-[redacted]

CC: [redacted]

Form 2587 XX (01/08) - FL

PROGRESSIVE

PAYABLE THROUGH
PNC BANK, N.A. 070
ASHLAND,OH
1-877-448-9544

VOID IF NOT PRESENTED WITHIN 90 DAYS

CLAIM NUMBER: [redacted]
NAME: [redacted]

DRAFT NUMBER:
2771352119

56-389
412

December 30, 2015

PAY EXACTLY **$***********10,000.00**

TEN THOUSAND AND 00/100 **

PAY TO THE ORDER OF: FLORIDA P I P LAW FIRM PA TRUST ACCOUNT
4800 N FEDERAL HWY STE 204D
BOCA RATON, FL 33431-3413

Progressive American Insurance Company

BY: [redacted]
AUTHORIZED SIGNATURE

⑈2771352119⑈ ⑆044203895⑆ 4259694516⑈

A Member of the Tokio Marine Group

Claims Department
P.O. Box 950, Bala Cynwyd, Pennsylvania 19004-0950
800.765.9749 • Fax: 800.685.9238 • PHLY.com

[redacted]
Sr. Claims Examiner
Direct Dial: 610-538-2663
[redacted]@phly.com

July 22, 2015

Emailed: [redacted]@floridapiplawfirm.com
[redacted], Esquire
Florida PIP Law Firm, P.A.
4800 N. Federal Highway, D204
Boca Raton, FL 33431

Re: Your Client: [redacted]
Date of Accident: 1/31/15
Claim No.: [redacted]

Dear [redacted]:

This is in response to your June 4, 2015 policy limit time demand that was not received until July 17, 2015. As you are aware, this is a driver v. driver situation. The police were unable to determine who was at fault for this accident and our insured was in the middle of the intersection at the time of impact. Therefore, we have determined that this is a 50/50 liability.

With that being said, I have reviewed your demand package and I have Thirty-One Thousand Seven hundred Sixty-One Dollars ($31,761.00) to settle this matter. After you have spoken with your client, please contact me to discuss this matter.

I look forward to discussing this matter
Sincerely,

[redacted]
[redacted]
Sr. Claims Examiner

Philadelphia Insurance Company • Philadelphia Indemnity Insurance Company • Maguire Insurance Agency, Inc

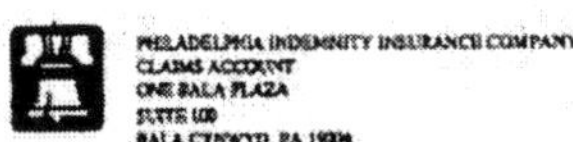

PHILADELPHIA INDEMNITY INSURANCE COMPANY
CLAIMS ACCOUNT
ONE BALA PLAZA
SUITE 100
BALA CYNWYD, PA 19004

WELLS FARGO, N.A.
PHILADELPHIA, PA
3-50
310

DATE 01/21/2016 **CHECK NUMBER** 1111933939

POLICY HOLDER ACT ONE LIMOUSINE INC
CLAIM #
POLICY NUMBER

DOL 01/31/2015
PAYMENT FINAL
TYPE LOSS

AMOUNT $60,000.00

PAY Sixty thousand and 00/100 Dollars

PAY TO THE ORDER OF FLORIDA PIP LAW FIRM PA

TWO SIGNATURES REQUIRED IF OVER $100,000

THIS DOCUMENT CONTAINS AN ARTIFICIAL WATERMARK ON BACK

⑈1111933939⑈ ⑆121000248⑆ 2100003191937⑈

COMMENTS
FULL AND FINAL BI SETTLEMENT FOR

YOUR INVOICE NUMBER
(if applicable)

PHBA15020869769

IF THERE ARE ANY QUESTIONS CONCERNING THIS PAYMENT CONTACT OUR CLAIMS DEPARTMENT AT 1-800-765-9749. PLEASE REFERENCE THE CLAIM NUMBER WHEN CALLING.

*** DETATCH AND RETAIN THIS STATEMENT ***

DRAFT INVOICE
THIS IS NOT A CHECK

CHECK NUMBER 1111933939
DATE 01/21/2016
AMOUNT $60,000.00

PAYEE
FLORIDA PIP LAW FIRM PA

POLICYHOLDER
CLAIM #
POLICY NUMBER

DOL 01/31/2015
PAYMENT FINAL
TYPE LOSS

MAILED TO
FLORIDA PIP LAW FIRM PA
2263 NW BOCA RATON BLVD
BOCA RATON, FL 33431

INVOICE NUMBER
EXAMINER:

ACCOUNT PHILADELPHIA INDEMNITY INSURANCE COMPANY

Providing Insurance and Financial Services
Home Office, Bloomington, IL

September 25, 2015

Florida Pip Law Firm Pa
4800 N Federal Hwy Ste 204d
Boca Raton FL 33431-3413

State Farm Claims
PO Box 106171
Atlanta GA 30348-6171

RE: Claim Number: [redacted]
Date of Loss: February 23, 2015
Our Insured: [redacted]
Policy Number: [redacted]
Your Client(s): [redacted]

To Whom It May Concern:

State Farm Insurance is in receipt of your demand letter dated 9/23/2015, in order to properly evaluate your clients demand we are requesting additional information be provided:

Please provide the PIP payout sheet, and final report with impairment rating. As you are aware, this information is necessary so that State Farm can evaluate your client's current claim properly.

Based on the information presented to date we would like to extend an initial offer of $2,900.00 in order to settle your client's claim. Should you wish to provide the additional information requested for our review we would gladly accept and re-evaluate your client's claim at that time.

This offer is inclusive of all damages, known and unknown, and any liens, assignments or statutory rights of recovery.

Should you have any questions or need assistance with this request, please contact the undersigned at the number below.

Sincerely,

[redacted]
Claim Specialist
(844) 292-8615 Ext. [redacted]
Fax: (855) [redacted]

State Farm Mutual Automobile Insurance Company

cc: [redacted]

PAYMENT NO 1 19 141433 J
PAYMENT AMOUNT $15,000.00
ISSUE DATE 01-26-2016
AUTHORIZED BY [redacted]
PHONE (844) 292-[redacted]

CLAIM NO [redacted]
LOSS DATE 02-23-2015
POLICY NO [redacted]
INSURED [redacted]

FLORIDA PIP LAW FIRM PA
4800 N FEDERAL HWY STE 204D
BOCA RATON FL 33431-3413

START DATE 01-26-2016

REMARKS full and final settlement

COVERAGE DESCRIPTION	ON BEHALF OF	AMOUNT
BODILY INJURY LIABILITY	[redacted]	15,000.00

RETAIN STUB FOR RECORDS

STATE FARM MUTUAL AUTOMOBILE INSURANCE COMPANY 1 19 141433 J
AUTO INJURY
JPMORGAN CHASE BANK, NA 56-1544/441
COLUMBUS, OH 43240
DATE 01-26-2016
CLAIM NO [redacted] INSURED [redacted]
LOSS DATE 02-23-2015

EXACTLY FIFTEEN THOUSAND AND 00/100 DOLLARS $****15,000.00

Pay to the Order of: [redacted], INDIVIDUALLY AND AS HUSBAND AND WIFE & FLORIDA PIP LAW FIRM PA, THEIR ATTORNEY

AUTHORIZED SIGNATURE
AUTHORIZED SIGNATURE

SECURED DOCUMENT WATERMARK APPEARS ON BACK, HOLD AT 45° ANGLE FOR VIEWING

⑈1917141433⑈ ⑆044115443⑆ 7771450870⑈

Providing Insurance and Financial Services
Home Office, Bloomington, IL

November 24, 2015

Florida Pip Law Firm Pa
4800 N Federal Hwy Ste 204d
Boca Raton FL 33431-3413

State Farm Claims
PO Box 106171
Atlanta GA 30348-6171

RE: Claim Number: [redacted]
Date of Loss: March 31, 2015
Our Insured: [redacted]
Your Client: [redacted]

To Whom It May Concern:

We received your November 12, 2015 time limit demand for your client, [redacted] We have concluded the evaluation of your client's claim resulting from this loss. Based on the documentation provided, State Farm® is willing to settle your client's claim for $13,000.00.

Please contact us once you have had an opportunity to review this offer.

Sincerely,

[redacted]
Claim Specialist
(844) 292-8615 Ext.[redacted]
Fax: (855) [redacted]

State Farm Fire and Casualty Company

PAYMENT NO 1 19 214313 J
PAYMENT AMOUNT $100,000.00
ISSUE DATE 02-18-2016
AUTHORIZED BY
PHONE (844) 292-8615

CLAIM NO
LOSS DATE 03-31-2015
POLICY NO
INSURED

FLORIDA PIP LAW FIRM PA TRUST ACCOUNT
4800 N FEDERAL HWY STE 204D
BOCA RATON FL 33431-3413

REMARKS BI settlement for the benefit of

COVERAGE DESCRIPTION	ON BEHALF OF	AMOUNT
BODILY INJURY LIABILITY		100,000.00

RETAIN STUB FOR RECORDS

State Farm STATE FARM FIRE AND CASUALTY COMPANY
AUTO INJURY
INJ AT OFFICE MI P19155PCL18
JPMORGAN CHASE BANK, NA 56-1544/441
COLUMBUS, OH 43240
1 19 214313 J
02-19-2016
DATE MM DD YYYY
CLAIM NO
INSURED
LOSS DATE 03-31-2015

********************EXACTLY ONE HUNDRED THOUSAND AND 00/100 DOLLARS $***100,000.00

Pay to the Order of: FLORIDA PIP LAW FIRM PA TRUST ACCOUNT

AUTHORIZED SIGNATURE
AUTHORIZED SIGNATURE

SECURED DOCUMENT WATERMARK APPEARS ON BACK HOLD AT 45° ANGLE FOR VIEWING

Providing Insurance and Financial Services
Home Office, Bloomington, IL

StateFarm

December 16, 2014

Abraham Ovadia, Esquire
Florida Pip Law Firm
4800 N Federal Hwy Ste 204d
Boca Raton FL 33431-3413

State Farm Claims
P.O. Box 106139
Atlanta GA 30348-6139

RE: Claim Number: [redacted]
Date of Loss: March 14, 2014
Our Insured: [redacted]
Your Client: [redacted]

Dear Mr. Ovadia:

This will confirm our settlement offer in the amount of $7,500 on December 16, 2014.

Please discuss this offer with your client and contact us at your convenience so we may bring this claim to a conclusion.

This settlement offer is inclusive of all damages, known and unknown, and any liens, assignments or statutory rights of recovery.

Thank you for your assistance.

Sincerely,

[redacted]
Claim Representative
(800) 879-[redacted] Ext. [redacted]
Fax: (800) 627-4023

State Farm Mutual Automobile Insurance Company

cc: [redacted]
[redacted]
Coral Springs, FL 33071-6111

PAYMENT NO 1 19 189275 J
PAYMENT AMOUNT $25,000.00
ISSUE DATE 02-10-2016
AUTHORIZED BY [redacted]
PHONE (800) 879-2435

CLAIM NO [redacted]
LOSS DATE 03-14-2014
POLICY NO [redacted]
INSURED [redacted]

FLORIDA PIP LAW FIRM TRUST ACCOUNT
4800 N FEDERAL HWY STE 204D
BOCA RATON FL 33431-3413

REMARKS FBO [redacted]'s bodily injury settlement, as per agreem
ent

COVERAGE DESCRIPTION	ON BEHALF OF	AMOUNT
BODILY INJURY LIABILITY	[redacted]	25,000.00

RETAIN STUB FOR RECORDS

StateFarm STATE FARM MUTUAL AUTOMOBILE INSURANCE COMPANY
FLORIDA
COMPLEX P19PCL49
JPMORGAN CHASE BANK, NA 56-1544/441
COLUMBUS, OH 43240

1 19 189275 J

DATE 02-10-2016 (MM DD YYYY)

CLAIM NO [redacted]
LOSS DATE 03-14-2014
INSURED [redacted]

*******************EXACTLY TWENTY-FIVE THOUSAND AND 00/100 DOLLARS $****25,000.00

Pay to the Order of: FLORIDA PIP LAW FIRM TRUST ACCOUNT

AUTHORIZED SIGNATURE

AUTHORIZED SIGNATURE

GREEN DROPOUT APPEARS ON FACE OF DOCUMENT

VOID IF GREEN COLORED BACKGROUND IS MISSING

SECURED DOCUMENT WATERMARK APPEARS ON BACK, HOLD AT 45° ANGLE FOR VIEWING

⑈1917189275⑈ ⑆044115443⑆ 777145087⑈

Providing Insurance and Financial Services
Home Office, Bloomington, IL

StateFarm®

November 09, 2015

Florida Pip Law Firm, P.A.
4800 N Federal Hwy Ste 204d
Boca Raton FL 33431-3413

State Farm Claims
PO Box 106171
Atlanta GA 30348-6171

RE: Claim Number: [redacted] Fax to 561-[redacted]
Date of Loss: April 23, 2015
Our Insured: [redacted]
Your Client: [redacted]

To Whom It May Concern:

This will confirm our settlement offer in the amount of $10,300.00 on November 9, 2015.

Please discuss this offer with your client and contact us at your convenience so we may bring this claim to a conclusion.

This settlement offer is inclusive of all damages, known and unknown, and any liens, assignments or statutory rights of recovery.

Thank you for your assistance.

Sincerely,

[redacted]
Claim Specialist
(844) 292-8615 Ext. [redacted]
Fax: (855) 820-[redacted]

State Farm Mutual Automobile Insurance Company

cc: [redacted]

PAYMENT NO 1 19 291184 J
PAYMENT AMOUNT $25,900.00
ISSUE DATE 03-15-2016
AUTHORIZED BY
PHONE (844) 292-8615

CLAIM NO
LOSS DATE 04-23-2015
POLICY NO
INSURED

FLORIDA PIP LAW FIRM TRUST
4800 N FEDERAL HWY STE 204D
BOCA RATON FL 33431-3413

REMARKS //Full and final settlement for bodily injury

COVERAGE DESCRIPTION	ON BEHALF OF	AMOUNT
BODILY INJURY LIABILITY		25,900.00

RETAIN STUB FOR RECORDS

STATE FARM MUTUAL AUTOMOBILE INSURANCE COMPANY 1 19 291184 J
AUTO INJURY
INJ AT OFFICE GA PCQ0717.P07B
JPMORGAN CHASE BANK, NA 56-1544/441
COLUMBUS, OH 43240
DATE 03-15-2016 MM DD YYYY
CLAIM NO INSURED
LOSS DATE 04-23-2015
*******EXACTLY TWENTY-FIVE THOUSAND NINE HUNDRED AND 00/100 DOLLARS $****25,900.00
Pay to the Order of: FLORIDA PIP LAW FIRM TRUST
AUTHORIZED SIGNATURE
AUTHORIZED SIGNATURE
GREEN DROPOUT APPEARS ON FACE OF DOCUMENT
VOID IF GREEN COLORED BACKGROUND IS MISSING
SECURED DOCUMENT WATERMARK APPEARS ON BACK. HOLD AT 45° ANGLE FOR VIEWING
⑈1917291184⑈ ⑆044115443⑆ 77714508 7⑈

Progressive Claims Branch
1641 Worthington Rd #200
West Palm Beach, FL 33409
Ph # 561-402-[redacted]
Fax # 561-683-[redacted]

PROGRESSIVE

Underwritten by: Progressive American Insurance Company
Claim number: [redacted]
Date of loss: 8/18/14
Client: [redacted]

Today's date: 3/25/15

Abraham Ovadia, Esq
4800 N Federal Highway D204
Boca Raton, FL 33431

Via fax and US Mail

Dear Mr Ovadia

This will serve as a response to your demand of March 11, 2015.

Please be advised that I have assumed the handling of this matter.

An offer of $14,000.00 is being conveyed to your client to resolve her pending injury claim.

Kindly convey the offer to your client and advise me thereafter of your position.

[redacted]
561-402-[redacted]

PROGRESSIVE

PAYABLE THROUGH
PNC BANK, N.A. 070
ASHLAND,OH
1-877-448-9544

VOID IF NOT PRESENTED WITHIN 90 DAYS

CLAIM NUMBER: [redacted]
NAME: [redacted]

DRAFT NUMBER: 2771839442

56-389 / 412

April 20, 2016

PAY EXACTLY $*********100,000.00

ONE HUNDRED THOUSAND AND 00/100 **

PAY TO THE ORDER OF: FLORIDA PIP LAW FIRM PA TRUST ACCOUNT
4800 N FEDERAL HWY STE 204D
BOCA RATON, FL 33431-3413

Progressive American Insurance Company

BY: ______________________
AUTHORIZED SIGNATURE

⑈2771839442⑈ ⑆041203895⑆ 4239694516⑈

Providing Insurance and Financial Services
Home Office, Bloomington, IL

March 11, 2016

Abraham S Ovadia, Esquire
Florida PIP Law Firm, P.A.
4800 N Federal Hwy Ste 204d
Boca Raton FL 33431-3413

State Farm Claims
PO Box 106171
Atlanta GA 30348-6171

RE: Claim Number: [redacted]
Date of Loss: August 26, 2015
Our Insured: [redacted]
Your Client: [redacted]

Attorney Ovadia:

We received your February 23, 2016 time limit demand for your client, [redacted]. We have concluded the evaluation of your client's claim resulting from this loss. Based on the documentation provided, State Farm® is willing to settle your client's claim for $9,000.

This settlement is inclusive of all damages, known and unknown, and any liens, assignments or statutory rights of recovery.

Please contact us once you have had an opportunity to review this offer.

Sincerely,

[redacted]
Claim Specialist
(972) [redacted]
Fax: (855) 820-[redacted]

State Farm Mutual Automobile Insurance Company

cc: [redacted]
PO BOX [redacted]
FT LAUDERDALE, FL, 33307-0022

PAYMENT NO 1 19 408886 J
PAYMENT AMOUNT $100,000.00
ISSUE DATE 04-22-2016
AUTHORIZED BY [redacted]
PHONE (844) 292-8615

CLAIM NO [redacted]
LOSS DATE 08-26-2015
POLICY NO [redacted]
INSURED [redacted]

FLORIDA PIP LAW FIRM, P.A., TRUST ACCOUNT
4800 N FEDERAL HWY STE 204D
BOCA RATON FL 33431-3413

REMARKS BODILY INJURY SETTLEMENT

COVERAGE DESCRIPTION	ON BEHALF OF	AMOUNT
BODILY INJURY LIABILITY	[redacted]	100,000.00

RETAIN STUB FOR RECORDS

StateFarm STATE FARM MUTUAL AUTOMOBILE INSURANCE COMPANY 1 19 408886 J
AUTO INJURY
INJ AT OFFICE DA PC00717.P07B
JPMORGAN CHASE BANK, NA 56-1544/441
COLUMBUS, OH 43240

04-22-2016
DATE MM DD YYYY

CLAIM NO [redacted] INSURED [redacted]
LOSS DATE 08-26-2015

********************EXACTLY ONE HUNDRED THOUSAND AND 00/100 DOLLARS $***100,000.00

Pay to the Order of: FLORIDA PIP LAW FIRM, P.A., TRUST ACCOUNT

AUTHORIZED SIGNATURE

AUTHORIZED SIGNATURE

GREEN DROPOUT APPEARS ON FACE OF DOCUMENT

VOID IF GREEN COLORED BACKGROUND IS MISSING

SECURED DOCUMENT WATERMARK APPEARS ON BACK, HOLD AT 45° ANGLE FOR VIEWING

⑈1917408886⑈ ⑆044115443⑆ 77714508 7⑈

Allstate. You're in good hands.

South Florida Casualty
4443 LYONS RD., SUITE 201A
COCONUT CREEK FL 33073

FLORIDA PIP LAW FIRM PA
4800 N FEDERAL HWY STE 204D
BOCA RATON FL 334313413

June 03, 2016

INSURED: [redacted]
DATE OF LOSS: October 16, 2015
CLAIM NUMBER: [redacted]

PHONE NUMBER: 888-839-[redacted]
FAX NUMBER: 877-619-[redacted]
OFFICE HOURS: Mon - Fri 8:00 am - 5:30 pm, Sat 8:00 am - 2:00 pm

YOUR CLIENT(S): [redacted]

Dear Mr. Ovadia:

I am in receipt of your demand dated May 19th 2016 for the above mentioned client.

I have reviewed the information provided and I am extending an offer of $4000.00 to settle your client's bodily injury claim.

Based on my review of the records, it does appear to be a soft tissue injury claim. This was a minor impact with no injury at the scene, no emergency room treatment and initial delay of treatment of 3 days. Your client sought treatment with a chiropractor and treated for 6 months for a total of 49 visits which does appear excessive based on this minor impact. He also saw a specialist, Dr. [redacted] who recommended surgery yet there was no real radicular complaints and his records note neurological intact.

Kindly present my offer to your client and I look forward to your response.

Sincerely,

[redacted]

[redacted]
888-839-6150 Ext. [redacted]
Allstate Fire and Casualty Insurance Company

Copy: [redacted]

GEN1001

0388549347 GCC

100000201606037R000001190001001001591

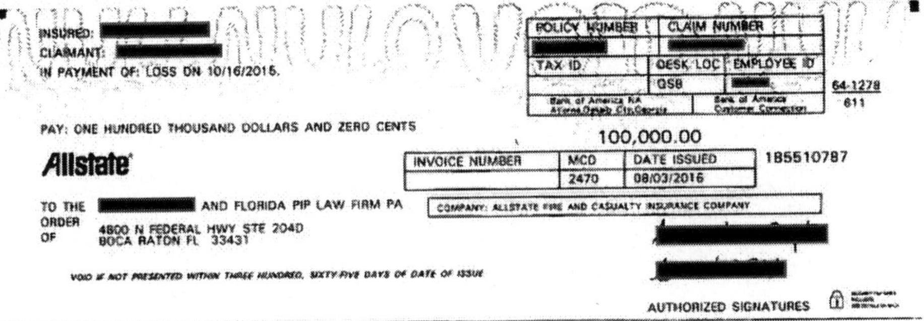

INSURED:
CLAIMANT:
IN PAYMENT OF: LOSS ON 10/16/2015.

POLICY NUMBER	CLAIM NUMBER

TAX ID	DESK LOC	EMPLOYEE ID
	QSB	

Bank of America NA Atlanta Dekalb City Georgia | Bank of America Customer Connection

64-1278
611

PAY: ONE HUNDRED THOUSAND DOLLARS AND ZERO CENTS

100,000.00

Allstate

INVOICE NUMBER	MCO	DATE ISSUED
	2470	08/03/2016

185510787

TO THE ORDER OF AND FLORIDA PIP LAW FIRM PA
4800 N FEDERAL HWY STE 204D
BOCA RATON FL 33431

COMPANY: ALLSTATE FIRE AND CASUALTY INSURANCE COMPANY

VOID IF NOT PRESENTED WITHIN THREE HUNDRED, SIXTY-FIVE DAYS OF DATE OF ISSUE

AUTHORIZED SIGNATURES

⑈185510787⑈ ⑆061112788⑆ 329 911 9562⑈

2016-05-31 16:23 ProgressiveInsurance 5614028099 >> 0 P 2/2

1641 WORTHINGTON ROAD
SUITE 200
WEST PALM BEACH, FL 33409

PROGRESSIVE®

Underwritten By:
Progressive Select Insurance Company

Claim Number: [redacted]
Loss Date: August 11, 2015
Document Date: May 31, 2016
Page 1 of 1

FLORIDA PIP LAW FIRM PA
ABRAHAM S OVADIA
4800 N FEDERAL HWY
STE D204
BOCA RATON, FL 33431

claims.progressive.com
Track the status and details of your claim, e-mail your representative or report a new claim.

Claim Information

Your client: [redacted]

In response to your demand dated May 20, 2016 for your client [redacted] I am extending an offer of $2,500.00 as settlement of your client's pending injury claim. Please discuss this offer with your client and advise of his intentions so that we may proceed with the settlement of this claim.

Thank you for your professional courtesy. I look forward to bringing this claim to a prompt and amicable resolution.

[redacted]
Claims Department
1-561-469-[redacted]
1-800-PROGRESSIVE (1-800-776-4737)
Fax: 1-561-683-[redacted]

cc: [redacted]

Form 2587 CK (01/03) - FL

PROGRESSIVE

PAYABLE THROUGH
PNC BANK, N.A. 070
ASHLAND,OH
1-877-448-9544

VOID IF NOT PRESENTED WITHIN 90 DAYS

CLAIM NUMBER: [redacted]
NAME: [redacted]

DRAFT NUMBER:
2772781185

56-389
412

September 23, 2016

PAY EXACTLY $*********100,000.00

ONE HUNDRED THOUSAND AND 00/100 **

PAY TO THE ORDER OF [redacted] AND FLORIDA PIP LAW FIRM PA
4800 N FEDERAL HWY STE 204D
BOCA RATON, FL 33431-3413

Progressive Select Insurance Company

BY AUTHORIZED SIGNATURE

⑈2772781185⑈ ⑆041203895⑆ 4239694516⑈

As per our conversation and in response to your demand for your client [redacted], we are offering $15,000 to resolve this matter. At this time we must respectfully decline your demand. The offer is based on the merits of the claim as they have been presented. While we are making this offer to resolve, please consider the following merits:

- The bills were reduced significantly and the out pockets that remain are minimal.
- It is clearly evident that your client did not wear his seat belt in this loss contributing to his own injury.

In addition, please provide the final bills for further consideration and review:

- None of the bills have been reviewed through PIP and there is not a PIP log in your demand. If PIP was denied, please send a copy of the denial letter.

[redacted]
Claim Service Analyst
Tampa Bay Casualty MCO – Major Represented

Allstate Insurance Company
740 Carillon Parkway Suite 400
St. Petersburg, FL 33716

Phone 727-571-[redacted]
Fax 866-366-[redacted]

Allstate Insurance Company - Claims Payment Processing
P.O. Box 650048, Dallas, TX 75265, United States

FLORIDA PIP LAW FIRM PA TRUST ACCOUNT F/
4800 N FEDERAL HWY STE 204D
BOCA RATON FL 33431-3413

11/07/2016

FLORIDA PIP LAW FIRM PA TRUST ACCOUNT F/.

ENCLOSED PLEASE FIND PAYMENT IN THE AMOUNT OF $52,500.00 FOR YOUR FULL AND FINAL SETTLEMENT OF ANY AND ALL CLAIMS FOR BODILY INJURY ARISING FROM LOSS OF 5/8/2015.

PLEASE REFERENCE CLAIM DETAILS BELOW.

CLAIM NUMBER: [redacted]
DATE OF LOSS: 05/08/2015
INSURED: [redacted]

In payment for Bodily Injury Liability for Date of Loss 5/8/2015.

ALLSTATE PROPERTY AND CASUALTY INSURANCE COMPANY
1-800-255-7828

0000020161107000285ZCT01001001000330

INSURED: [redacted]
CLAIMANT: [redacted]
IN PAYMENT OF: FULL AND FINAL SETTLEMENT OF ANY AND ALL CLAIMS FOR BODILY INJURY ARISING FROM LOSS OF 5/8/2015.

POLICY NUMBER	CLAIM NUMBER	
971034707	[redacted]	
TAX ID	DESK LOC	EMPLOYEE ID
	QPA	[redacted]
Bank of America NA Atlanta Dekalb Cty Georgia	Bank of America Customer Connection	

64-1278
611

PAY: FIFTY-TWO THOUSAND FIVE HUNDRED DOLLARS AND ZERO CENTS

52,500.00

Allstate

INVOICE NUMBER	MCO	DATE ISSUED
	2470	11/07/2016

108321333

TO THE ORDER OF FLORIDA PIP LAW FIRM PA TRUST ACCOUNT F/B/O [redacted]
4800 N FEDERAL HWY STE D204
BOCA RATON FL 33431

COMPANY: ALLSTATE PROPERTY AND CASUALTY INSURANCE COMPANY

VOID IF NOT PRESENTED WITHIN THREE HUNDRED, SIXTY-FIVE DAYS OF DATE OF ISSUE

AUTHORIZED SIGNATURES

⑈108321333⑈ ⑆061112788⑆ 329 911 9562⑈

GEICO General Insurance Company

Attn: Florida Claims, P.O. Box 9091
Macon, GA 31208-9091

12/23/2015

Florida Pip Law Firm Pa
To Whom It May Concern
4800 N Federal Hwy STE 204D
Boca Raton, FL 33431-3413

Company Name:	Geico General Insurance Company
Claim Number:	[redacted]
Loss Date:	Monday, March 23, 2015
Policyholder:	[redacted]

To Whom It May Concern,

This will confirm receipt of your demand dated December 10, 2015 regarding your client, [redacted]

As you know, we have paid $880.88 for the damages to your client's vehicle. Of that amount, only $207 was for parts. In review of the medicals presented, your client sought no hospital/emergency room treatment and his first initial evaluation was not until 15 days after the accident. He treated for soft tissue complaints and his diagnostic tests reveal 2 bulges with degeneration and no nerve or cord involvement.

In light of the extremely minor impact, it is difficult to relate the need for any treatment to this loss.

As such, we are making an offer of $500 and that is being made purely in the interest of settlement.

Upon receipt, kindly contact our office to further discuss settlement of this case.

Sincerely,

[redacted]
863-619-[redacted]
Claims Department

EC0020 (1/2007)

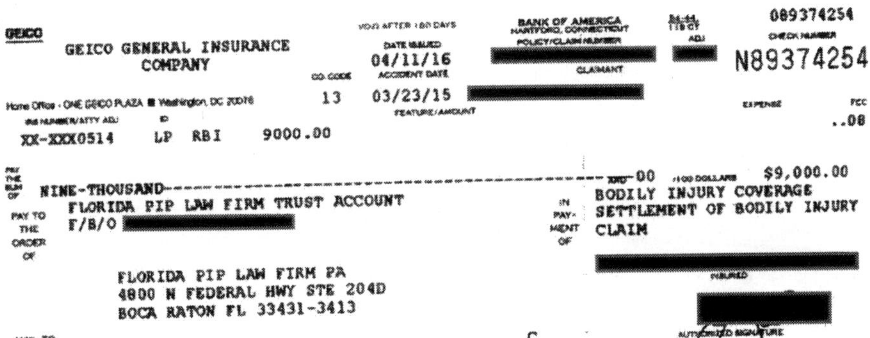

GEICO

GEICO GENERAL INSURANCE COMPANY

Home Office - ONE GEICO PLAZA ■ Washington, DC 20076

VOID AFTER 180 DAYS

BANK OF AMERICA
HARTFORD, CONNECTICUT

089374254
CHECK NUMBER
N89374254

DATE ISSUED 04/11/16

POLICY/CLAIM NUMBER

ADJ

CO. CODE 13

ACCIDENT DATE 03/23/15

CLAIMANT

FEATURE/AMOUNT

EXPENSE

FCC ..08

TAX NUMBER/ATTY ADJ XX-XXX0514

ID LP RBI 9000.00

PAY THE SUM OF NINE-THOUSAND-- XX/00 /100 DOLLARS $9,000.00

PAY TO THE ORDER OF
FLORIDA PIP LAW FIRM TRUST ACCOUNT
F/B/O

IN PAYMENT OF
BODILY INJURY COVERAGE
SETTLEMENT OF BODILY INJURY CLAIM

INSURED

MAIL TO:
FLORIDA PIP LAW FIRM PA
4800 N FEDERAL HWY STE 204D
BOCA RATON FL 33431-3413

C

AUTHORIZED SIGNATURE

⑈89374254⑈ ⑆011900445⑆ 0000000191914⑈

GEICO General Insurance Company

Attn: Florida Claims, P.O. Box 9091
Macon, GA 31208-9091

12/30/2015

Florida Pip Law Firm Pa
To Whom It May Concern
4800 N Federal Hwy STE 204D
Boca Raton, FL 33431-3413

Company Name:	Geico General Insurance Company
Claim Number:	
Loss Date:	Thursday, April 2, 2015
Policyholder:	

To Whom It May Concern,

We are in receipt your bodily injury demand submitted on behalf of your client, ████████, for the accident of April 2, 2015.

We have taken the time to review the specials you provided. It appears that your client presented to ████████████████, one day after the accident, with complaints of low back pain. ██████ indicated to the physician doctor that he had prior neck and back pain from an accident in 2007. While your client's lumbar MRI indicated that there were bulges, there were no acute findings. It appears the findings were pre-existing.

Based on all of the information available at this time, I am extending an offer of $2,000 to resolve your client's bodily injury claim. Please present this offer, as well as the basis of our offer, to your client.

Our objective continues to be the complete and equitable resolution of this claim at the earliest date possible.

If you have any questions please contact me at the number listed below.

Sincerely,

██████████
863-619-████
Claims Department

EC0020 (1/2007)

Detailed Payment Summary

GEICO GENERAL INSURANCE CO
Field Claim Center: 08 Florida

NO. N 179997244
Date: 04/04/2016

ONE GEICO CENTER
MACON, GA 31296-0001

Claim #: [redacted]
Date of Loss: 04/02/2015

Claimant Name: [redacted]
Insured Name: Ms. [redacted]
Tax ID / SS# / XX-XXX[redacted]
Atty ADJ Code:
Adjuster Code: [redacted]

Pay To:
Florida Pip Law Firm Pa
Trust Account f/b/o [redacted]

Florida Pip Law Firm Pa
4800 N Federal Hwy Ste 204D
Boca Raton Fl 33431-3413

Total Amount:
$***50,000.00

Payment Type:
LOSS

IP AND FEATURE AND AMOUNT

02	RBI	$***50000.00

In Payment Of
Bodily Injury Coverage
Bodily Injury Settlement

Visit geico.com

Now, parties involved in a GEICO claim can track the progress of the claim, view damage photos and more at geico.com! *GEICO policyholders can make a payment, change drivers or vehicles and request additional coverages.* Not insured with GEICO? 15 minutes could save you 15% or more on car insurance. Of course, we're also available for policy or claim service 24/7 at 1-800-841-3000.

* These online services are unavailable to Assigned Risk policyholders.

clmchck

PLEASE DETACH AND KEEP FOR YOUR RECORDS

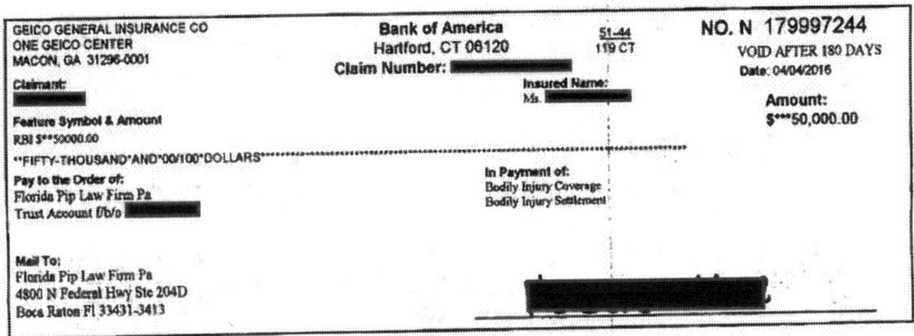

GEICO GENERAL INSURANCE CO
ONE GEICO CENTER
MACON, GA 31296-0001

Bank of America
Hartford, CT 06120
51-44
119 CT

Claim Number: [redacted]

NO. N 179997244
VOID AFTER 180 DAYS
Date: 04/04/2016

Claimant: [redacted]

Insured Name:
Ms. [redacted]

Amount:
$***50,000.00

Feature Symbol & Amount
RBI $***50000.00

FIFTY-THOUSAND*AND*00/100*DOLLARS******************************

Pay to the Order of:
Florida Pip Law Firm Pa
Trust Account f/b/o [redacted]

In Payment of:
Bodily Injury Coverage
Bodily Injury Settlement

Mail To:
Florida Pip Law Firm Pa
4800 N Federal Hwy Ste 204D
Boca Raton Fl 33431-3413

⑈179997244⑈ ⑆011900445⑆ 0000001919⑈

Government Employees Insurance Company

Attn: Florida Claims, P.O. Box 9091
Macon, GA 31208-9091

11/11/2015

Florida Pip Law Firm Pa
To Whom It May Concern
4800 N Federal Hwy STE 204D
Boca Raton, FL 33431-3413

Company Name: Government Employees Insurance Company
Claim Number:
Loss Date: Wednesday, May 20, 2015
Policyholder:
Driver:
Your Client:

To Whom It May Concern,

This letter is in response to the demand submitted by your client, [redacted], dated October 27, 2015, to settle his Bodily Injury Claim for $50,000.00.

Based on the information he provided, it appears your client's injury was soft tissue in nature. He did not seek emergency medical care, but rather presented himself for passive treatment with the Chiropractor. The MRI your client underwent showed a herniated disc in the cervical spine along with a few bulges in his lumbar spine; however, no cord or nerve involvement was mentioned and no Needle EMG performed. Also this accident appears to be a low impact with a total of $1,283.57 being paid but less than $500 in parts. It is hard to understand how this low impact may of caused the bulges and herniations your client has.

Based on the information available to GEICO at this time, we are hereby offering $2,700.00 to settle your client's Bodily Injury Claim.

We ask that you relay this offer to your client, as well as our basis, and provide a response to GEICO as soon as one is known. Of course, we are always willing to review and consider any new information you may provide us and/or engage in settlement discussions.

Our objective continues to be the complete and equitable resolution of this claim at the earliest date possible.

EC0020 (1/2007)

Detailed Payment Summary

GOVERNMENT EMPLOYEES INSURANCE CO
Field Claim Center: 08 Florida

NO. N 182434890
Date: 08/03/2016

ONE GEICO CENTER
MACON, GA 31296-0001

Claim #:
Date of Loss: 05/20/2015

Claimant Name:
Insured Name:
Tax ID / SS# / XX-XXX
Atty ADJ Code:
Adjuster Code:

Pay To:
Florida Pip Law Firm Trust Account
F/B/O

Florida Pip Law Firm Pa
4800 N Federal Hwy Ste 204D
Boca Raton Fl 33431-3413

Total Amount:
$***18,000.00

Payment Type:
LOSS

IP AND FEATURE AND AMOUNT
02 UBI $**18000.00

In Payment Of
Uninsured Motorist Coverage
SETTLEMENT OF UIM CLAIM

Visit geico.com

Now, parties involved in a GEICO claim can track the progress of the claim, view damage photos and more at geico.com! *GEICO policyholders can make a payment, change drivers or vehicles and request additional coverages.* Not insured with GEICO? 15 minutes could save you 15% or more on car insurance. Of course, we're also available for policy or claim service 24/7 at 1-800-841-3000.

* These online services are unavailable to Assigned Risk policyholders.

clmschck PLEASE DETACH AND KEEP FOR YOUR RECORDS

GOVERNMENT EMPLOYEES INSURANCE CO
ONE GEICO CENTER
MACON, GA 31296-0001

Bank of America
Hartford, CT 06120
Claim Number:

51-44
119 CT

NO. N 182434890
VOID AFTER 180 DAYS
Date: 08/03/2016

Claimant:

Insured Name:

Amount:
$***18,000.00

Feature Symbol & Amount
UBI $**18000.00

EIGHTEEN-THOUSAND*AND*00/100*DOLLARS*************************************

Pay to the Order of:
Florida Pip Law Firm Trust Account
F/B/O

In Payment of:
Uninsured Motorist Coverage
SETTLEMENT OF UIM CLAIM

Mail To:
Florida Pip Law Firm Pa
4800 N Federal Hwy Ste 204D
Boca Raton Fl 33431-3413

⑈182434890⑈ ⑆011900445⑆ 0000001919⑈

SOBRE O OVADIA LAW GROUP

O Ovadia Law Group foi fundado em fevereiro de 2010. Inicialmente, começamos trabalhando apenas com PIP Suits para médicos, mas expandimos e agora trabalhamos com várias outras áreas.

Atualmente, o Ovadia Law Group representa clientes nas seguintes áreas do direito:

- Reivindicações de acidente de carro;
- Reivindicações de escorregamento e queda;
- Reivindicações de PIP Suits para médicos.

O Ovadia Law Group se orgulha em oferecer um serviço personalizado aos seus clientes. Cada cliente recebe um gerente de caso e também recebe o número de celular do Abraham Ovadia (561-305-6317). É o mesmo número que ele tem desde o ensino médio.

SOBRE O AUTOR

O fundador Abraham Ovadia formou-se em direito em maio de 2009 e foi aprovado no exame da ordem em setembro de 2009. Enquanto cursava faculdade de direito, trabalhou por dois anos em um escritório de advocacia em Miami que era especializado em PIP Suits para médicos. Ele aprendeu muito naquele escritório e, depois da faculdade, voltou para a área de Boca Raton.

Em fevereiro de 2010, Abraham abriu o seu próprio escritório de advocacia na sala de jantar do apartamento de sua mãe. Com $ 110.000 em dívidas de empréstimos estudantis e sem dinheiro em seu nome, Abraham trabalhou dia e noite. Em um ano, ele tinha três funcionários e um pequeno escritório.

Em cinco anos, Abraham representou mais de quatrocentos consultórios médicos e arrecadou milhões de dólares contra seguradoras PIP que reduziram contas médicas indevidamente. Até o final de 2013, Abraham abriu mais de 5.000 processos em mais de 30 condados diferentes na Flórida.

Hoje, o Ovadia Law Group tem seis advogados, quatro avaliadores de seguros, cerca de cem funcionários e escritórios em quatro cidades diferentes no estado da Flórida.

Abraham credita seu sucesso à sua paixão por ajudar os outros, especialmente os mais desfavorecidos.

Made in the USA
Middletown, DE
17 February 2025